BuddhAll

BuddhAll.

All is Buddha.

BuddhAll

密乘寶海 03

蓮師大圓滿教授講記

藏密寧瑪派最高解脫法門

洪啟嵩 著

大圓滿是本來清淨，遠離一切染垢與清淨，沒有對立與分別，是密教寧瑪派最高解脫方便、最高修持法。而空前未有的最殊勝法──「智慧法爾解脫」，正是從蓮師心意流出，交付給移喜磋嘉佛母的大圓滿教授。行者若以相同的心意來領受，會有極大的受用與相應。

出版緣起

密法是實踐究竟實相，圓滿無上菩提，讓修行者疾證佛果的法門。

密法從諸佛自心本具的法界體性中流出，出現了莊嚴祕密的本誓妙法，以清淨的現觀，展現出無盡圓妙的法界眾相。

因此，密法的修持是從法界萬象中，體悟其絕對的象徵內義，並從這些外相的表徵、標幟中，現起如同法界實相的現觀。再依據如實的現觀清淨自心，了悟自心即是如來的祕密莊嚴。

從自心清淨莊嚴中，祕密受用諸佛三密加持，如實體悟自身的身、語、意與諸佛不二。依此不二的密意實相，自心圓具法界體性，而疾證佛果，現起諸佛的廣大妙用。

「若人求佛慧，通達菩提心；

父母所生身，速證大覺位。」

這是《金剛頂瑜伽中發阿耨多羅三藐三菩提心論》中所說的話，也是真言密教行者，修證所依止的根本方向。我們由這首偈頌，當能體會密教法中「即身成佛」的妙諦。由此也可了知，密法一切修證成就的核心，即是無上菩提心。

密法觀照法界的體性與緣起的實相，並將法界的實相，與自己的身心眾相，完全融攝為一，並落實於現前的生活當中。這種微妙的生活瑜伽，讓我們的生活與修證不相遠離，能以父母所生的現前身心，速證無上大覺的佛果。

一切佛法的核心，都是在彰顯法界的實相，而密法更以諸佛如來果位修證的實相，直接加持眾生的身、口、意，使眾生現證身、口、意三密成就，而直趨如來的果位，實在是不可思議的密意方便。而這也是諸佛菩薩等無數本尊，為眾生所開啟的大悲迅疾法門。

「密乘寶海系列」總攝密法中諸多重要法門，包含了密法中根本的修法、諸尊行法，以及成就佛身的中脈、拙火、氣脈明點及各種修行次第的修法。

其中的修法皆總攝為偈頌法本，再詳加解說教授。希望有緣者能依此深入密法大海，證得圓滿的悉地成就！

蓮師大圓滿教授講記——序

大圓滿是藏密寧瑪派特有的密教法門，也是密法的究竟心髓，是最高的解脫方便。

大圓滿具有四個特色，這四個特色如果以佛法的見、修、行、果的觀點來講，大圓滿是：不立一切見、不立一切修、不立一切行、不立一切果。即是見、修、行、果四者都不立，這是了解大圓滿一個最簡單的特質。

此外，從正面直顯來看，大圓滿具有肯定的四個原則：自生、自顯、自解脫、自然。大圓滿代表一切本具，本來清淨。立大圓滿見，證入大圓滿的時候，就掌握到法性的本體，一切現前大圓滿，一切都是自生。

而且大圓滿具有無實、廣大、獨一、任運四種果德，進入大圓滿時，必須有一個方向來導引，因為進入大圓滿時，是全部都是一如的，就連引導行者證入大圓滿的上師，也共同融入究竟法性。因為上師也是法性所顯，所以可以說是體性自身的究竟灌頂。若就第一義諦的本位來說，亦即就成佛果的究竟密義來講，就不能講有佛可成，因為一進入佛的境界，就無有佛可成，但在未入佛境之前，則有佛的境界可資證入。

其實我們每個人現前所具有的，就是本來清淨大智慧，一切境界都是大圓滿自然顯現，現前一切都是大圓滿。所以，華嚴海印三昧在諸佛現證成佛時，同時一切眾生亦同成佛，全法界亦成佛身，這就是佛身同具「智正覺世間」、「眾生世間」與「器世間」的意義。而《法華經》所示「是法住法位，世間相常住」與「一稱南無佛，皆共成佛道。」也揭示了此一究竟之義。

本書明解蓮師大圓滿教授的心髓，希望有緣的朋友能在書中直接領受大圓滿的心意，遠離一切清淨與染污，直顯本來面目，在心中自然顯起大圓滿的境界，領受體證蓮花生大士的心髓現觀密義教授，成證如同蓮師的廣大圓滿果地。

洪啟嵩

目錄

第二章 「智慧法爾解脫」之精髓 073

第一篇

大圓滿——密法的究竟心髓

第一章　抉擇大圓滿見

整個佛法與外道的差異即在見地上，佛法具有正確的見地。佛法對一切外相而言，認為一切外相皆是平等的，每一個生命都是平等的。

但就佛性而言，在外道不減、在佛也不增，一切平等平等；外道雖然在見地上扭轉委曲，但是在佛性上，其實是沒有一點的差異。

如果我們想在世間纏縛中得到解脫，最重要是在見地。所以具足佛法正確的見地是一切的根本。

對於整個世間的構成而言，物質的五大元素地、水、火、風、空都是具足的，如果加上六大則同時具足識大，從識大中產生的見地，如果沒有具足正見就無法解脫。

所以佛法的殊勝之處是在識大中產生正見，由正見指導我們的生活與修行；外道則無法了解客觀的宇宙，而且執著我、執著斷見，或是具神我的見解，這些執著讓外道者必須依賴整個外界來生活、來存在，所以他無法得到自由解脫，無法與法界成就一合相，而得到徹底的解脫。

小乘的根本見地

而小乘與大乘的差別，是以人無我見與諸行無常、諸法無我、涅槃寂靜三法印等根本見地來區分。

如果具足人無我見，則是斷除了輪迴的障礙，而得到解脫；斬斷這些無明的見解後，去除所受的現前樣貌還是會不斷地向前推演，直到此世的生命結束進入涅槃，所以小乘是很重視自我的解脫。

從了知自我解脫的狀況中，小乘行者可以忽視其他生命、山河大地等，所以他的解脫方式是斬斷比較淺層的無明。

大乘的見解

而大乘的見解則是唯識見或中觀見，唯識見是比較近於一種以心、以唯識來顯現外界，以近於唯心論的方式來顯現。

中觀見是以「不生不滅，不來不去，不一不異，不常不斷」八不中道來觀察世間，是以全體觀察世間，而不考慮「心與物」，因為心、物在此已經合一了。

所以就緣起論而言，小乘是業感緣起，以「業」來緣起。

對唯識見而言是「賴耶緣起」，以「賴耶」來緣起，以阿賴耶識為主體來講現象。

到中觀見的「性空緣起」，甚至達到真如緣起、法界緣起、密宗的六大緣起、禪的一心緣起，這些都是可以與其見地配合來觀察。

雖然小乘與大乘最主要的差別是在菩提心，但是唯識、中觀或是大手印、大圓滿都是以空性來看待這世界。

大手印的見地

大手印、大圓滿的見地與唯識中觀的見地有何不同？一般而言，屬於大手印的是俱生之見，屬於大圓滿的是本來清淨的大圓滿見，但這樣的說法對大家而言，只是一種名詞而已，並沒有特殊的意義。

就我的觀察而言，大手印的見地是唯識見的肉，大圓滿見是中觀見的骨，因為大手印見是俱生之見，其本身引生出四種瑜伽：專一、離戲、一味、無修四個次第，在修證的次第上是鞏固清淨的法身，一切都匯歸於清淨的法身，基本上還有其微細的方式，到最後的境界當然還是一樣。

而唯識與中觀的「八不」觀察，在現悟中都是如此，就唯識而言都是依此而起，但這些都是分析觀察；而大手印並不只是分析觀察，而是現證。

以分析觀察的見地，這見地是來自上師的指示，或是見證的指示。例如上師以拍掌的方式來指示弟子：這個就是。這時弟子的心念當下斷掉，此時弟子有所悟入，就是指示見性，這種現證的指示是上師製造種種情境。

而大手印的見地，其本身已經不是一種單純的見地而已，而是一種結果，是會在生命中產生絡痕，已經是行者心裡面的東西，這指示已經指到心裡面去了，而不只是思惟層面，是行者心中的東西了。

所以具足大手印見只是停留在思維的層次上，這是沒有用處的。大手印見是本然清淨，只是被污染了，所以現前的萬事萬物都是從自性法性中產生，將來都會回歸到我們自心中。就像是在荒漠無涯的孤島上，有一隻小鳥，這小鳥飛來飛去還是在孤島上，所以一切會回到法性。

在這狀況下，只要鞏固法性就好了，所以是不修不整治，我們的妄念煩惱都是法性所生，都不要整治它。

不整治而鞏固法身這是「專一」；不去執著其差異性，這是「離戲」，在不斷的來回運作中匯融於「一味」，而「一味」會繼續不斷地擴大，到最後連一味也沒有了，而進入「無修」，無修的現證就是大圓滿的見地。

大圓滿的見地

所以大圓滿不是次第的修行，而是現前的一切萬物都是法身本身，在大圓滿見中煩惱即是佛陀，一切都是現前清淨，所以是本來清淨見。

在大手印中有見、修、行、果的四瑜伽次第，而在大圓滿中沒有次第，只有「立斷」與「頓超」，立斷與頓超其實也是一種境界的「定」與「慧」的現象。所以大圓滿本來清淨見，是一切現前大圓滿，一切物皆是佛，這就是為什麼會有國王渣的傳承的故事。

國王渣擁有妻子、國土等，他不希望遠離這些而能夠得證菩提，他請問佛陀是否有這樣的法門，佛陀說有這種殊勝法門。國王渣請佛陀傳他這個法，於是佛陀對國王渣說：「你是佛！」國王渣便成就了。

這句「你是佛」在剎那間已經截斷國王渣的凡庸下劣之心，而現前證入「我是佛」。這「我是佛」是法性全體是佛，是現前法界是淨土，是一切眾生都是佛陀，當下全部都是常寂光土；而沒有我是佛、你是佛的這種差異，在這種狀況中是不存在的，但是一般人無法了解此點。

禪宗是講「無見」，是不立一切見，在禪宗講佛字即被棒喝。禪宗認為煩惱就是煩惱，在煩惱中煩惱就是如此。

在大圓滿的行持中，希望大家能了知，大圓滿的見、修、行、果是一如的，即見、即修、即行、即果，這是很重要的，所以其本身即是無見、無修、無行、無果；本來清淨無見可立，這無見的落實點是在不假修行、本來清淨，但是這與禪宗的不立一切見，還是有一些小差異。

一位修行人所講出來的東西，在本質上是一貫的，但是在比喻或含義上與其他人的可能會不同，為何要特別說明此點，因為當大家讀到陳上師的「蓮師大圓滿勾提」時，或許會產生疑問，因為其中的否定式原則，例如「大圓滿不立一切見」，但是大圓滿明明是本來清淨見，為何說不立一切見呢？這「不立一切見」應是屬於禪宗的，這是立基於本來清淨而不立一切見，是本來清淨無見可立；至於禪宗是「見、無見」都打破，所以其不立一切見是立基於此立場。

「無垢可治」是沒有污垢可以對治，也沒有清淨可以守持，也沒有修行可以立，因為它不需要整治，所以是「無見可立，無修可立」。因為我們在修行的過程中，以無垢對治污垢，接著修持清淨，使得清淨增長；但是在此，它已經超越一味相，染污與清淨在此已經在一味之上，所以是「無垢可治、無淨可守、無修可立」，是連大手印都不整治，何況是大圓滿，大家要如此明解。

「見、修、行、果」，在「見」上是無見可立，「修」上也是無修可立，「行」是我們在世間的運作上，凡聖的種種差異、還有善惡的種種差異在此也沒有分別。

在此，我們會發覺到你我都是相同的，當我們境界好時，會發覺到三世平等、一切十方眾生染淨平等，但是當我們心情不好時，則發覺這世間真的是不平等，善惡的分別心就生起了。所以我們每個人的心都是如此上上下下、浮浮沉沉，這是沒辦法的事。

所以，我們要清楚了知自己處於何種境界，是在最高境界或是最低境界，或許有人曾經進入初禪的境界零點一秒鐘，就說自己的境界是在初禪；但是就大圓滿法而言，我們仍然是大圓滿的，這是「無行可立」。

有些比擬可能不是很恰當，可是大家可以參閱《維摩詰經》中的「非凡夫行，非聖賢行，是菩薩行」，從中去體會。思維一下自己是凡夫行？還是聖賢行？但是君子不器，不要被約制成某一種特定的形式，因為在大圓滿的境界中只有當下。

「大圓滿心要」中說「無修無證本來佛」是無果可證、無果可立。前面的見、修、行都沒有了，如何有果可立呢？在大圓滿中沒有一個新的果可立，本然如是。所以就見地上來講，大圓滿法很類似曹洞宗的默照禪，默照禪的心要是：只管坐禪。那麼，我們現在坐禪是什麼呢？是迴光返照，所以我們「不重久修，不輕初學，一切現前本然。」所以是悟本現成，不須求悟；現前，不須求佛。由此可以看出其中的同異之處。

在不同的文化系統中，會產生不同的運作結果，例如禪宗發展到後來有機鋒語錄、五位君臣頌等等，還有其他種種方法，由於中國文明發展比較興盛，所以在這方面也會發展得比較廣；但是反觀藏密的修法會跟氣脈明點結合在一起，而大圓滿法則直指「你是佛」，就沒有氣脈明點的修持。

而此篇「蓮師大圓滿教授」也沒有任何氣脈明點的修持，但是後來的解說很多都加上化光的方法，為何會發展成這樣的系統呢？因為這也是不得已，大家希望求得虹光身，如果沒有加上這些方法，大家沒有方法可依循，就無法化成虹光了。

其實，只要說「你是佛！」當下即可化成虹光了，但是無法如此，就只好再加上化光的方法。這很多方法都展現出其文化現象的背景。

為什麼藏密要講三脈七輪，佛身講三十二相、八十種隨形好，這些都是文化現象的產物；如果我們的現況改變，人類可能要用耳朵呼吸時，趨時我們的相貌可能改變了，那麼佛身的三十二相也可能隨之而改變，所以這些都是有其文化現象的背景。

以因、道、果三者來講，大手印是屬於道，而大圓滿是屬於果，這是有其道理的。「無修無證本來佛」是無果可立，而《金剛經》說：「以無所得故，得阿耨多羅三藐三菩提。」這果就是這個。

如果屬於藏密比較高深的心要廣為流傳，類似本篇「智慧法爾解脫」，可能會改變屬於西藏文化的特殊現象。因為我們對藏密的印象常常是儀軌、搖鈴打鼓的修法，但是我們看這篇「智慧法爾解脫」的感覺，就好似我們讀

「永嘉玄覺證道歌」一樣。所以藏密的法要還是有很多的面向，不只侷限於口中唸誦的儀軌修持。

「智慧法爾解脫」是蓮花生大士為我們所遺留的大圓滿心要。

第二章　大圓滿的殊勝

大圓滿是藏密寧瑪巴（紅教）最高解脫方便、最高的修持法。大圓滿與大手印同在民國以來開始傳入中國。一般的修行者，並無法仔細分辨大圓滿和大手印在見地上的差異，而誤以為兩者體系相同。

對此，陳健民上師在「蓮師大圓滿教授勾提」中有非常仔細的辨微，這是一篇很好的大圓滿教法。

本書所講授的「蓮師大圓滿教授」，就是出自陳健民所翻譯的「亥母甚深引導法」的最後一章——決定本來清淨見，梵文名是札那阿媽哥那麻，藏文名字為移喜朗卓，中文名為智慧法爾解脫。收錄在陳健民上師的「曲肱齋文二集」及「恩海遙波集」裡，總共有二百八十句。

當我們閱讀其中的「智慧法爾解脫」時，不要在義理上琢磨下功夫，讓偈頌一句一句直接進入心靈。大手印和大圓滿的法門都要如此來讀，心中不要生起任何分別，一字一句直接深入自己的內心，這也是看有證量的文章最好的方法。

因為它所講的內涵，是直接從心意間流出，所以若以相同的心意來領受，就會有很大的受用與相應。

大圓滿的特色

在佛法的詮釋上，有時從正面直顯，有時從反向遮破作論，現在論大圓滿的特色，亦可從此二面來看。

首先，從遮破面來看大圓滿所具有的四個特色，而這四個特色，我們可以佛法中所講的見、修、行、果四個觀點來看——第一、不立一切見，第二、不立一切修，第三、不立一切行，第四、不立一切果。即是見、修、行、果四者都不立，這是了解大圓滿一個最簡單的特質。

不立一切見

為什麼「不立一切見」？

對於大圓滿而言，它所談的是智慧法爾解脫本來清淨見，所以不立一切見。相對於禪宗而言，大圓滿還有本來清淨見，而禪宗的不立一切見，是連本來清淨見都要破掉了。

所以這兩者，還是有不同之處，但就相對性的立場而言，大圓滿還是不立一切見的。

不立一切見，就是不假心行，離於認識，智慧法爾自然解脫。即是一切認識、一切心行作用全部停止，本然的法爾自性、本來清淨、本自解脫。不立一切見，就不再有任何見了。

在《楞嚴經》中建立了七大，七大是指地、水、火、風、空、識六大之外，另外別立「見大」，這見大即是指正見，而正見是以三法印（諸行無常、諸法無我、涅槃寂靜）為首，以正見來領導六大修持。

大圓滿不立一切見，是直接將見大攝入其中，所以「識」即正見，「空」即正見，一切地、水、火、風都是正見，而正見也非正見，離於一切見，則顯現法爾自性。

法爾自性沒次第、沒有分別，因為隨顯一切即是光明，隨顯一切即是智慧，隨顯一切即是法爾解脫，即是本來清淨，這就是不立一切見，也可稱為「無見之見」。

不立一切修

為什麼「不立一切修」？

大圓滿是本來清淨，遠離一切染垢與清淨，沒有空、有的對立雙邊，與真、妄的分別對待。

以修行的因地立場而言，是要遠離染垢安住於清淨；但是現在沒有污垢、清淨的分別，所以無垢可去除，無淨可追求；所以是不修，亦即是「無修之修」，這就是不立一切修。

不立一切行

為什麼「不立一切行」？

大圓滿是離於一切次第、世間賢聖，離於一切世間的種種分別之相，所以它不立一切行。

在《維摩詰經》中提到：「非聖賢行，非凡夫行，是菩薩行。」這個觀念與此不全然一樣，但是可以做一個相互比較。

在大圓滿當中，是沒有次第可言，沒有世間，沒有賢聖，沒有一切相對的，沒有有與無，是無行之行、無修之修、無見之見。

不立一切果

為什麼「不立一切果」？因為見、修、行三因不立，所以無果可證。既然沒有因，哪來的果呢？這個果就是離因之果，非因緣性，非自然性，離因之果是本然具足，所以是無果之果。

在見、修、行、果上具足這四個特質：不立一切見、不立一切修、不立一切行、不立一切果。如果能掌握這四個特質，就比較能夠掌握大圓滿的根本特性。

大圓滿的肯定四原則

此外，我們再從另一個面向來看大圓滿所具有的肯定四個原則——自生、自顯、自解脫、自然。

自生

什麼是「自生」？

大圓滿代表一切本具，本來清淨。《六祖壇經》有言：「何期自性，本自清淨！何期自性，能生萬法！」這句話可用來了解大圓滿的自生自顯義。一切本來自生、自足，自性能生萬法，一切萬法不離自性。

在《楞嚴經》中也提到法性光明的覺性本身，是離於一切，非地、非水、非風、非火、非識、非一切。但它的妙用，是能夠出生法界一切，一切都是由它所出生。

從這點來看，立大圓滿見，證入大圓滿的時候，就掌握到法性的本體，一切現前大圓滿，一切都是自生，不離於此。

所以光明當然也是自生的。當我們成佛的時候，在佛不增；沒有成佛的時候，在凡不減，一切都現前本具。

曾有人說，修大圓滿和禪宗比較安心，因為我們不會因得罪了某人而不能成就佛果。有人會害怕得罪了釋迦牟尼佛或阿彌陀佛，因而不能成就；有人害怕得罪了上師，因此不能成證佛果。在大圓滿的境界中，這一切都沒有關係，沒有問題。因為我們所受的法恩，是由整個法性、整個大圓滿而來的恩德。

所以我們所傳承的，是法性、法身的傳承，心中現起法性圓明的時候，就接受了這法性的傳承，也就有大圓滿灌頂。這大圓滿灌頂不只是上師的指示而已，而是法爾自在解脫。

既然得到大圓滿的灌頂，或許會生起；是否不必依止上師的想法？依緣起而言，上師為我們灌了大圓滿灌頂，但是進入大圓滿者到底是誰呢？

大家要了解，必須有一個方向來導引我們進入大圓滿，因為進入大圓滿時，是全部都是一如的，連引導我們進入大圓滿的上師，都會一同融進去了，因為上師也是法性所顯，這可以說是自身的究竟灌頂。

就如同《喜金剛本續》所說：「說法者我法亦我，一切聽法大眾皆是我，圓融自在大圓滿。說法者我法亦我，聽法大眾亦是我，灌頂我者亦為我，一切法性自顯現。」這是站在最終果位的立場所講的。

在此如果生起這是我的境界、我的見地的想法，這又違越了。我們要經過修持，才能到達《法華經》所說的「是法住法位，世間相常住」的境地。問題是當我們住於法位時，要說我們經過修法才能到達，如果勉強如是宣說，也是一種方便，也不是究竟義。

如「十方三世同時炳現」也是方便的說法，不是究竟第一義諦；若就第一義諦的本位來說，亦即就成佛的意義來講，就不能講有佛可成；因為一旦進入佛的境界，就實無有佛可成；但在未入佛之前，則有佛的境界可成，所以大圓滿法爾自授灌頂也是如此。

自顯

什麼是「自顯」？

一切光明大樂、普遍的輕安覺受，法、報、化三身，還有諸佛菩薩、一切護法空行所顯，一切境界、一切清淨法界，一切淨土等都由大圓滿自然所顯現。

在此要注意，大圓滿是自然顯現，不是由修行所顯，在立場上不同的。我們講極樂世界是由於阿彌陀佛的願力、和他清淨的淨業所顯；但就大圓滿立場來講是由法性、法身所顯，是由整個大圓滿境界所顯。

就阿彌陀佛顯現極樂世界來講，他為什麼顯現這種樣貌？都是因為他的特別願力所構成，這是立場的不同，所以說，經典的說法是從各個不同立場來說明。

所有一切凡夫聖賢的境界，都是大圓滿境界的自然顯現；亦即在大圓滿自然顯現上，能夠顯現出一切聖境。這能證明所顯的一切皆是大圓滿的緣故，所以能夠不假修證，自然顯現，從本以來，清淨圓滿不曾染污。

自解脫

什麼是「自解脫」？

如「大圓滿心要」中「本解脫故本無修，自解脫故無對待」，因為從本以來，即是解脫的緣故，所以沒有任何修證；因為自我解脫的緣故，所以並沒有任何對待。自我解脫是當下自體的解脫。

「赤裸解脫無見地」，即使沒有根本的見地來解脫，然而法身亦是赤裸顯現，完全是赤裸的，沒有一絲一毫的見地來導引。

「遍解脫故無勤勇」，因為是普遍的解脫，不是只有一部分的解脫，所以不需精勤地來修持，這就是自解脫的境界。

所以大圓滿的解脫不需特有的行持來解脫的，一切法本來無縛。

自然

什麼是「自然」？

這自然和普通的自然界的自然是要區分開來的，這自然指的是法爾如是，不假功力，常處果位，常具妙用，任運自在如如。因為純任自然，所以常在真如境中；一切是如來，無所從來，無所從去，一切本具，法爾如是，不假功用，是法住法位，常具妙用，任運自在。

之後再把遮除及直顯的特色兩者融合起來，在「智慧法爾解脫」中描述了其境界——「**見在自生自顯中，修亦自生顯莊嚴，行在自生自顯中，離於斷證之果者，自生自顯自圓滿**」。

離於斷證之果者，是圓具本然大果；自生自顯自圓滿就是離於斷之果；而見在自生自顯中，見地自然自解脫；見地自然自解脫，修亦自然解脫性；行在自然自解脫，自然自顯自圓滿這是等同其意的。所以二者在此得到匯通了。

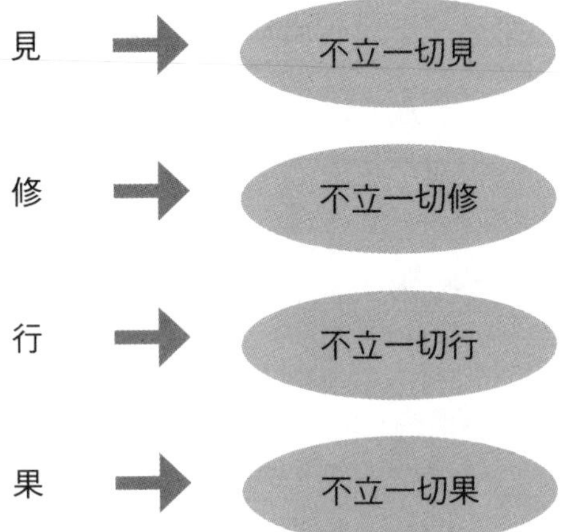
大圓滿具有否定四原則
見
不立一切見
修
不立一切修
行
不立一切行
果
不立一切果

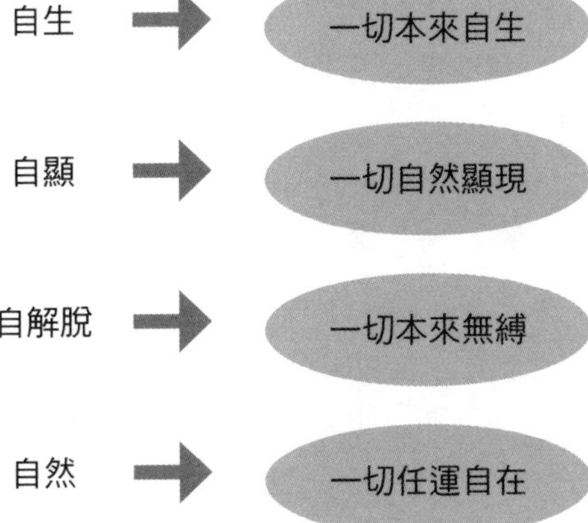
大圓滿具有肯定四原則
自生
一切本來自生
自顯
一切自然顯現
自解脫
一切本來無縛
自然
一切任運自在

大圓滿的四種果德

我們觀察大圓滿可以發現它具有的獨特果德。大圓滿有四種果德，即是無實、廣大、獨一、任運。

無實

「無實」具有外與內兩重特性：外是不具實有的本體，一切如夢幻泡影，甚至連如夢幻泡影的執著都沒有，一切趨於光明的體性中；內則無人、法二種執著，沒有「我」的執著，所有一切顯現都是無實，如陽焰、如谷響，連境界都是無實，一切果地都是無實，這是外內雙重的無實。外與內雙重的無實，即是大圓滿自身證量的自顯，一切現證，一切顯現。

在「智慧法爾解脫」的偈頌中有「**法爾義中皆無實**」，或「**法界大種無**

實境」，種種景況都是如幻無實。所以內無實是於內不執著於我，即心所顯一切，即心所證境；外無實者，一切外境所顯皆虛幻不實。

廣大

「大圓滿心要」中的「廣大週遍大悲心，無性顯現如水月」即是「廣大」的展現。這廣大並非相對於狹小的廣大，而是在小中能見大，狹中能見廣；就如同在「十玄門」中的廣狹自在無礙門，能不壞一塵，而廣含十方剎土；亦是芥子納須彌的境界，即廣即狹，即大即小，無有障礙。

而且悲愈大則智愈大，智愈大則悲也愈大，二者相輔相成，所以廣大亦可說「廣」是悲，「大」是智。

獨一

獨一或可稱為唯一，是離於一切對待，也非離於一切對待的。獨一、唯一，有時用「不二」來講，因為怕「一」又落於言詮當中，其實它是不一、不異、純然一體。

獨一是獨舉其境，純然是統一的；但在純然統一的時候，不能離開它而講它的統一，所以用否定面來講，它是不二的，二者具有同樣涵義。

有時「獨一」會被人所執著，認為「獨一」的境，是「純然唯一」。如果我們心中另外現起有純然唯一的感覺時，這就是兩個心念了，而不是獨一，如同文殊心中現出「我是文殊」的時候，已經有兩個文殊了！所以「文殊非文殊，乃名真文殊」；如果「文殊為文殊」的話，即是二文殊。

在獨一的境界時，是不會有獨一的心念現起，而是純然。這不容易分辨，當我們到了這個境界的時候要加以注意。

任運

任運就是不生起任何作意，不生起任何心意。就像開車時，開始發動時用一檔，之後轉二檔、三檔、四檔，走在高速公路上就以四檔滑行前進；又如飛機起飛到一定程度時，只要保持一般航速，就可以平順的航行。

上述這些狀況都是在有地心引力的情況下發生，但如果環境改變，是在沒有地心引力的地方，沒有任何吸力，飛機是否還會一直飛呢？再試想一下，在一個沒有任何引力的地方，將筆丟出去它是不是會一直飛過去？任運的狀況就是如此。

這種任運，是不執著於任何一境，所以五毒、五智，一切染淨對立消除，都是自在任運。

大圓滿的四項實修方便

此外，陳上師為具信的初學者，在「蓮師大圓滿教授勾提」中，提出了大圓滿的四項實修方便法：

出離

這出離不同於小乘的出離，它必須行大圓滿九斷法，而九斷是指身、口、意各具三斷。

身三斷即是外斷俗事，如各行工作等；內斷經行、繞佛、跑香、拜佛等；密斷定功姿勢上亂動等。

語三斷即是不與外人交談，內斷念經持咒、密斷自言自語。

意三斷即是外不起妄念散亂，內不作領恩本尊之外的其他一切本尊觀，密不觀心修空。

領恩

即先佈置蓮花生大士像，並於像前禮拜，殷重懺悔業障罪重，不能具足大圓滿，請蓮師慈閔護佑，後觀想蓮師首肯，並領請如同往昔移喜磋嘉師母一樣的法恩。

安住

在心中不思惟是否領恩與否，不希求速獲得大圓滿證量，亦不作妄想，沒有期待，不觀察這是大圓滿非大圓滿；但平常時時刻刻，無不於寬坦心量上，放下一切，任其自然而安住之。

放鬆

「鬆」不是凡夫放逸身心的狀態，而是在心生起執著之時，將此緊張的心放鬆；「放」也不是凡夫放縱的心理現象，而是在空明寬坦的定境上，及無著無思不二的心境，完全放下。猶如海綿一般，在壓力消失時，身心自然放鬆。

當我們完全了知大圓滿法的義理時，初期在修持上不會感覺有多大的變化，但是慢慢地整個心的轉換程度會加速，以後甚至在閱讀的時候，能直接領納經上證量的文字，並進入經中的境界，但絕不是故意去進入，而是自己的心自然能空掉，而能讓經中的境界在心中自然顯起，馬上得到證量。

透過以上的體解，應該更能掌握大圓滿的精華。

第三章　大圓滿的皈敬頌

在進入「智慧法爾解脫」前，我先作一個皈敬頌。

在密宗的傳承中，很特殊的一個項目是，密法對於領恩受恩十分的重視。

一位修行人與上師、本尊、空行、護法之間有著極密切的關係，這關係是建立在三昧耶誓句上，而誓句能夠保證傳承的清淨無染與加持的不間斷。

在這樣的系統當中，其好處是傳承大海可以不斷地流注於眾生身中；相對的亦有不圓滿之處，也就是其封閉性比較高。

無論如何，「大圓滿」是密教系統中最強調心要，而脫離一切儀軌控制的教授，而且是藏密寧瑪巴最高解脫方便。

我依據一般密教傳承必然的慣例，另外是尊重傳承中與上師、本尊之間關係，所以我先作一個皈敬頌。為了使大家能受到大圓滿法教授的加持，也祈願一切空行、護法護持修學者的清淨無染，所以我們合掌念誦皈敬頌。

皈敬頌

敬禮蓮師　敬禮本初普賢王如來
如是密意圓滿心中心　且卻立斷本執凡夫惑
妥噶頓超法身金剛持　大圓滿法法界心中心
現前無修一切本佛陀　稽首聖善蓮花生大士
身釋迦語彌陀心觀音　無間傳承醍醐勝師子
大圓滿眾廣博無有量　如彼繁星無盡燈相傳
十方三世圓成金剛持　最後殊勝本初普賢地
於今現前交付汝等眾

一般的皈敬頌不論顯教或密教，很注重的是：一佛、二法、三僧。如果依密教系統來說，比較重視上師，在此，蓮師大圓滿教授中，蓮師是佛、法、僧具體的現證，所以，我們先禮敬蓮師。

但是，一切大圓滿的流轉與顯現，就蓮師大圓滿教授而言，是從本初普賢王如來所流傳而下，所以「佛」是普賢王如來，而「法」即是大圓滿法，而「僧」所代表的有二者，一是蓮花生大士，另一是現前的大圓滿眾，即我們修學者即是大圓滿眾。

在皈敬頌中，大圓滿眾廣博無有量，能如同繁星一般無盡燈燈相傳，十方三世一切眾生能夠圓滿圓成金剛持地，圓滿最後殊勝的本初普賢王如來地。所以一切現成的大圓滿法，交付給大圓滿眾。

「敬禮本初普賢王如來」，即是敬禮本初境界的普賢王如來，本初普賢王如來其實是一切眾生本有的覺性，但是同樣的，在法界無生無滅、無佛與眾生的差別中，其因、道、果本身是一如的。

所以在本初普賢王如來中，也就是最後殊勝本初普賢地，他是一切眾生本覺的力量，也是一切眾生圓滿之後的現證，所以我們敬禮本初普賢王如來。

一切大圓滿教法都是由本初普賢王如來所顯示，紅教認為普賢王如來的本初境界有其特別殊勝的地位。本初佛是一切諸佛之本，這法身普賢王如來。

寧瑪派（紅教）的行者甚至認為本初普賢王如來是紅教所特有，但事實上，可能並非如此。

因為在東密也有本初普賢王如來，在金胎兩界就有等同普賢王如來的大日如來，在此普賢王如來是指一切眾生覺性的根本。

所以，我們敬禮普賢王如來，同時要了知，我們是敬禮心中的最勝佛陀，一切佛中最勝佛即是我們自心的覺性。

本初普賢王如來在時間與空間而言，對一切眾生他是本初的境界，是一切諸佛之母，但是他其實是在我們的覺性之中。

一切大圓滿教法都是本初普賢王如來所顯示。

如果落在時間、空間當中，我們成佛的那一剎那，有本初普賢王如來的現起，但是那個不是在客觀世界中有這麼一個東西，而是當我們現證普賢地時，就是這麼現起，而普賢王如來就是我們自身。

「如是密意圓滿心中心」，流傳此密意的大圓滿，「心中心」是大圓滿的法界心，法界心是代表此法的殊勝，它是一切法的根源之最殊勝。

大圓滿雖不立次第的，但是在大圓滿心髓的正行中，可分為「且卻」與「妥噶」；「且卻」是立斷，即立斷凡夫的執著，對自己是凡夫的見解，所以且卻是立斷本執凡夫惑，也就是立斷我們成佛的最大障礙。

一切成佛最大的障礙就是我們的觀念，是不能夠了知一切現前本是究竟覺地。由於我們執著自己是凡夫的見解，導致我們不敢作佛，無法認清楚我們自身，所以要「且卻立斷本執凡夫惑」。

「妥噶頓超法身金剛持」，當我們立斷本質凡夫惑之後，「妥噶」能讓我們頓超，而現證自身即是法身金剛持。除了寧瑪派之外，其他教派都是認

蓮師是大圓滿教授中佛、法、僧的具體現證。

為金剛大總持是法身佛；以究竟義而言，金剛總持與普賢王如來並沒有差異性，但在傳法過程中，大圓滿法有其傳承緣起的意義，所以會將之有所區分，其實在本地上是沒有任何差別的。

「如是密意圓滿心中心，且卻立斷本執凡夫惑，妥噶頓超法身金剛持，大圓滿法法界心中心。」這四句是皈依法。

「現前無修一切本佛陀」是屬於大圓滿法的見地，大圓滿的見地是建立在一切無修現前本佛陀的狀況上。

由於此法是由蓮花生大士所流傳下來，所以「稽首聖善蓮花生大士」，而蓮花生大士的密教傳承中，是「身釋迦語彌陀心觀音」，由釋迦牟尼佛、阿彌陀佛與觀世音菩薩三尊形成蓮師的身、語、意。

稽首佛法僧後，我們也要參與大圓滿法的傳承，成為大圓滿傳承中的聖眾。

「無間傳承醍醐勝師子」，這其中有二者，一是大圓滿傳承中的圓滿

蓮花生大士的密教傳承

身——釋迦牟尼佛

語——阿彌陀佛

心——觀音菩薩

者、勝利者，同時也是修學此法的行者。

「如彼繁星無盡燈相傳，十方三世圓成金剛持，最後殊勝本初普賢地，於今現前交付汝等眾。」這是我們的皈敬頌。

宣說的緣起

本書所講授的「法爾智慧解脫」，是蓮師在殊勝喜悅的狀況下，交付給智海王佛母移喜磋嘉。

我們知道一個法的現起，都是從開創祖師的現證中生起，我們稱之為「依禪出教」。釋迦牟尼佛在菩提樹下夜睹繁星，現證成佛之後，依他的境界而開出佛教的三乘教法。

歷史上每一位偉大的祖師在開創他的教法時，也都是依禪出教，在殊勝的自覺境界中，流傳出廣大的法要。

在歷史上我們看到一個事實，當法流傳出來後，此法門會不斷地被解釋、不斷地次第增加，這不斷賦予的修行與解釋，使此法門會越來越廣大。在這樣的發展過程中，有其好處與壞處，好處是次第性、內涵性增強，讓後學者有跡可循。壞處是讓許多人面對如此龐大系統中，只能在廣大知識系統中流轉，而無法掌握心要；這法門不是提煉出醍醐，而是不斷地稀釋加水，於是很多人花費一生的時間在此中流轉。

所以依禪出教本身有內在的兩難，由此，說法者本身示現說法，會以兩種方式展現，一種是以論說式的方式來表達，即以綜攝所有法要來形成次第解說，一種是以契經式的方式表達，即直抒其現證本懷。

論說式的好處是系統龐大、知識平均，但往往會將境界拉低，譬如他的講述都是古人的東西，與講說者不相干；而契經式則往往落於講述者個人修證上的偏向顯示，會有不平的現象。所以各有利弊。

而以下講述蓮師大圓滿教授的方式，則以契經式的方式來講說，也就是不以整個知識面的圓滿來進行，而是直接以本懷的方式進入。因為現前的大眾都是根器圓滿的，所以，我們有理由相信，能夠在當下直接契入大圓滿的境界，在見修行果上變成一如，真正掌握大圓滿的境界。

坊間很多關於大圓滿的書籍，其內容常常因為系統越擴增越多，而到最後系統中多了很多的前行與加行；例如有的修學大手印的人，沒有在修學大手印，而是修學大手印的皈敬頌、祈禱文；修學大圓滿者也是如此。所以希望本書的講授，能夠幫助大家直接趨入大圓滿。

修學「蓮師大圓滿教授」可參閱曲肱齋文二集「蓮師大圓滿教授勾提」；在見地上，可參閱曲肱齋文二集「大小乘修空及密乘大手印、大圓滿禪宗辨微」，這部分是來自貢噶上師抉擇見的教授；曲肱齋中「漢譯佛法精要原理之實修體系」，如果沒時間全部讀完，要熟悉書中所附的體系表；再來是參閱曲肱齋知恩集中的「大圓滿法界心中心黑關引導唯讀即可成就事業」。

第二篇

蓮師大圓滿教授

第一章 「智慧法爾解脫」偈頌

蓮花生大士 著

陳健民 譯

梵語：札那阿媽哥那麻

藏語：移喜朗卓

漢語：智慧法爾解脫（智慧決定本來清淨見）

敬禮智慧法界尊　世出世法盡無餘

從本不生亦不滅　智慧法性平等中

二取分別盡無餘　從本解脫自解脫

本來清淨大智慧　離心造作自解脫

自解脫王為法身　解脫于餘無對待

如我親自之所證　于諸徒眾如是云
諸法之邊即有無　正見本淨離中邊
任何表示不能顯　高低建立亦無有
斷常四邊自解脫　尋求不得亦不見
無取諸法越諸邊　離世出世之方分
超越心思所行境　無自宗派無他界
空即不空有即無　證即無證事無事
剎那于邊亦無取　遍於虛空不能計
世出世法集于一　無作無生本菩提
從本任運無生滅　不能言詮不能思
法性從來無垢淨　世出世法心無緣
離心智慧法身遍　此即平等大圓諦
心本不繫亦不解　無所從來無所住

去向亦無離邊表
諸法如幻如遊戲
苦樂如夢無實境
無有自性即法身
法界大種無實境
于境剎那無自性
一如琵琶如谷響
本無執有之自心
當其認識離邊時
無所從來亦無滅
如夢如幻之色境
不善巧子乃錯亂
堅執不著次第鬆

本解無境無受因
聖凡執取無餘法
世出世法無自性
離心安放無實執
所有生滅諸緣起
所現諸法如幻滅
一如水月如鏡影
錯亂顯現太虛妄
說為解脫並無捨
亦無住處離認識
于彼而竟執實已
當于本淨上解脫
虛妄之法不成佛

佛陀正法本離心　若不了知離心智
一切所作成有為　錯亂所作為欺騙
當于不錯而任運　錯亂處與離心處
心作處與所作法　于彼錯亂上勵力
僅一剎那亦不成　法爾本解住本地
凡有所作一切法　如畫工所繪畫然
雖具上妙之顏色　不常安住漸次無
如是由心所作法　惟此即名為佛陀
無疑而有希求心　雖欲解脫實自縛
通達大樂而離心　本大解脫即是佛
離于事相大智慧　以心造作不成辦
無作普遍大安住　于彼無有取與捨
所說之垢剎那無　本來無有諸法中

離于取捨之垢穢　本來法爾大解脫
智慧任運即法身　任適圓滿諸功德
智慧法界即是佛　如是了別大智慧
平等性智解脫中　離心所作之諸法
無事普遍大圓滿　法爾空中得決定
世出世相自解中　佛陀與彼有情眾
法爾義中皆無實　凡所顯現越心境
一切平等大位中　彼彼各種心作法
不知此義各別執　由作取捨心錯亂
欲知無事智慧義　所取所捨亦無有
一切本來解脫中　心解脫因亦無有
故當安住無事體　無事體中鬆緩住
自然顯現大樂王　無顯而了一切義

本無見因諸法中　所見之相自解脫
無相離心赤裸體　能所思邊皆離開
無有名相不安立　安住廣大普遍中
此即諸佛之密義　本來清淨離戲中
無有高低之諸見　亦無能修與所修
離一切事之心者　即大圓滿之真諦
法身普遍之智中　誰證誰見誰分別
本自解脫密意顯　平等大圓滿智中
誰飲誰食誰嘗試　世出世解密意顯
大圓滿之離事果　如彼境行及彼果
各各造作與執著　離事之體被蓋覆
智慧密義中了知　無事圓滿本性義
離事智慧密義中　無有境行無有果

無見無修亦無行　即是果位之佛陀
法界宮中次第鬆　無事各住于自然
離于生滅與中邊　惟是成就獨一密
廣大普遍之作者　大圓離事得果位
不去而能到佛位　得大圓滿果心要
無作之作大智慧　自心從本任運具
任運佛位甚稀奇　法身移喜磋嘉者
此見自生亦自顯　此中密義已如上
離中邊智而出生　汝等無餘空行眾
此見即是明空體　無垢自性本清淨
明中若離於認識　自入離心大樂中
從本來空心無執　離心而住大智慧
能執所執之心識　世出世間一切法

于境無實不了知
無錯之大本淨中
無分別垢赤裸現
從本已來是佛陀
解脫之法無對待
安住無事自顯現
心執著邊而自縛
執持生死之自性
世出世妄皆無有
本淨體中無分別
無垢普顯赤裸現
世出世二法所顯
有事以及無事等

是為二取錯亂心
離執相之離垢心
安住無事自顯現
若離於心而解脫
無有解脫離疑求
以作為心損無修
由著貪瞋有生死
無作自解能了知
賢善本尊惡鬼魅
本來清淨大智中
即佛佛子之本體
所謂現與空等二
顯現二現之諸法

從初習氣堅固者　于境無實以心取
能取所取世出世　取捨之因亦無有
無事智慧之法王　無思無修無所緣
無言無說無造作　安住智慧自顯中
普遍廣大智慧中　此中無有能言詮
超越言詮與思議　當住無說無詮中
能了別之大樂王　凡有所作皆不得
安住無事自顯中　無事離心本體現
自生自顯是正見　修此自生與自顯
說為自生自顯現　異生法中無真實
無事體中自安住　法亦從本淨中生
住亦從本淨中住　解亦從本淨中解
本淨廣大任運中　說為自生與自顯

超越明空離心邊
所謂能所取與捨
大樂無執本性中
無變動之大智中
無執無著無無為
說為離事之正修
離事勤勇住本體
此修是修自生顯
盡其所有覺受顯
無執自解上修持
于彼安住士夫者
自顯法王之佛陀
離世出世能所體

離邊大樂智慧中
過失功德皆不染
無動亦復無有變
說為正見自生顯
若無所作諸法因
自生自顯殊勝修
無事唯是安住此
或樂或明或無念
所取所捨法無有
自住離事大圓滿
大圓果位自顯現
無事亦復無有作
離本體修真實上

是即離事大圓滿　自生自顯行勝法
此即無取亦無捨　離取捨住本性修
所謂自生自顯者　凡所顯現法爾王
自顯亦從法爾顯　法爾廣大解脫中
見修無異無自性　見在自生自顯中
修亦自生顯莊嚴　行在自生自顯中
離于斷證之果者　自生自顯自圓滿
此即離事大圓滿　大圓離事誰通達
普賢佛位不行到　法身佛位不持持
通達堪能之士夫　所謂佛智即是此
離心住體為重要　不怕死者之心要
大圓正見最深祕　具足堪能正士夫
通達即得普賢位　彼無所行甚希奇

甚深最極殊勝見　為自生顯之精華
離于疑慮之真諦　現在如我心中藏
空前無有殊妙法　今乃于汝而交付
于法界中自生顯　移喜磋嘉心祕藏
金剛亥母密義中　堪能母其善修持

第二章　「智慧法爾解脫」之精髓

我們開始進入「蓮師大圓滿勾提」中的「智慧法爾解脫」的講授，一般這種偈頌的開頭一定都是皈敬頌。

禮敬三世十方諸佛

「**敬禮智慧法界尊**」是對十方三世一切諸佛的敬禮，智慧法界尊就是一切佛、本尊，當然包括我們所成就的本尊。

智慧法界尊，他對一切世出世間法一切了盡無餘，他具足一切智、道種智、一切智智，他具足了佛的一切智慧，這世間的一切智智，他一切圓融具足。

「**世出世法盡無餘**」，「世」指世間法，「出」指出世法，「世出世法」有三個層次，世間法與出世間法一般來說是小乘的分法，而世出世法則是大乘法，是染淨對立雙邊的消融，真俗二諦的消融，對立的兩者全部消融，所以「世出世法盡無餘」。

「敬禮智慧法界尊」，這是敬禮本尊。「世出世法盡無餘」，這是敬禮法。

你是否有發現，越高階的佛菩薩，越常講諸佛威神力加持故？在修行的過程中，或許有一段時期，你會覺得不需要佛菩薩的加持，但是修到最後你會發覺好像不是如此。

當我們現證到微妙不可思議境界當中，現證無我，所以能夠透過佛菩薩的威神力加持自己的智慧力，而如是宣說出法要；而講說者能夠口若懸河、一瀉千里，都是在無心的狀況中宣說的，這一切都是法界力的加持。

因為是在無心中與法界力的結合，所以能夠產生如此的力量，這一切當然是諸佛加持的緣故。

這不是一般祈請佛菩薩加持我們，祈請佛陀護佑我們一切世間的需求，事業鴻達、考試順利等，而是在整個心念停止後，整個自心湧躍而出所宣說的語言，這些話語不再與心意識結合，而是直接從法性中流露而出。

像「永嘉玄覺證歌」就是如此宣說出來的，像本篇「智慧法爾解脫」也是如此，像《六祖壇經》也是如此；近代好像沒有如此偉大的作品，如此厲害的大師了。還是有一個例子，太虛大師的師父——八指頭陀寄禪，他為了修行，燃了二個指頭供佛，所以號為八指頭陀。

寄禪沒有讀過什麼書，有一回，大家在洞庭湖上吟詩作對，他進入悟境突然吟了一句：「洞庭波送一僧來」，開始文思湧現，於是著了一本《八指頭陀講集》。

這種現象說好聽是「禪悟」的境界，說不好聽是「禪病」的顯現，我自己也曾患有這種病，那時的情景也很妙。

我以前打完禪回來，好像天馬行空一樣，當時還是學生，當老師上課時，我即一邊上課一邊寫著詩，雖然這是一種悟境，但也是收攝不住的現象，是一種禪病，所以這是修行過程中，在過猶不及中的微細行。

而本篇「智慧法爾解脫」，也是蓮師在大圓滿的境界中所宣瀉流出的證量，這其中每一句都是境界，所以讀誦時，不要從每一句的意義上去鑽研，而是要了知每一句都是現證的境界，直接將心放空領受。

一切現前本然解脫

「從本不生亦不滅，智慧法性平等中」，這「本」字不是指在時間上面的開始結束，而是本然不生不滅，是現前本然。

什麼是「現前」？從本不生亦不滅，是一切時間收攝無餘，三世收攝於其中的「本」字，所以「從本不生亦不滅」是說任何的時間系統裡面，它都是不生不滅的，所以「本」字要如是參究。

以「本」是本然如是之意，本然就不生不滅，從本然不生不滅裡面，我們能夠了知，能現前得證，智慧法性是一切現前平等、平等，從本不生也沒有差別。現證不生不滅的智慧法性，一切現前都是平等不二的。

大圓滿教法是殊勝的法、是究竟的法、是圓滿的法，是為了依眾生的緣故，依眾生能夠依持法而起珍重，起珍重的緣故而入於法。

依於法究竟的緣故，而能夠現前契法成就，沒有契法就絕對不能圓滿成就。所以，「以無所得故，得阿耨多羅三藐三菩提。」無有少法可得，才能得阿耨多羅三藐三菩提。

「法若筏者」，法像度河的船筏一樣，「法尚應捨，何況非法！」連法都應當捨棄了，更何況是非法呢！

所以，要得到法性平等，要棄捨真俗二諦、染淨二者的差異對待，才能夠現前一味平等，所以智慧法性平等。

但是若能現證不生不滅時，這智慧法性自然是平等的。

改變雙邊對立的習慣

「**二取分別盡無餘**」，這是從前面的平等裡面所衍生的，「二取分別」是雙邊的對待在此了盡無餘。

眾生的習慣常常是落於兩邊，有些人說「有」，是執著「有」，落在有邊，有些人說「無」是執著「無」，落在無邊，而在有邊與無邊中不斷的產生對立。

而有些人執著「無」，他執著有一個「無」，所以也是在「有」邊；他說我沒有這個，有在無邊，也是執著在有邊、無邊。所以眾生的心識不斷在雙邊對立。

在《大智度論》裡面說：如是推演的話就「無盡」，眾生的心推之無盡。這完全符合《楞嚴經》所講的心靈的發現狀況，我們整個眾生就是在這樣不斷輪動、輪轉。

我們再來看外在世界：如果你不停下來，就看不到外在世界在動，這外在世界整個在大轉動的時候，你就假設自己停止，外在世界在動。

當我們自己在運動當中，而外在世界也是在運動當中，二者都在運動當中，思維一下自己是用什麼來看外在世界在動？

如果是用眼睛看外在世界，當我們在看的時候，看的那一剎那，我們的心有沒有要停下來看呢？應該是如此對不對。

在不知不覺中，必須要停下來才能看到外在世界在動，因此我們永遠落在兩邊的對立，因為我們沒有辦法用動來看動，這才是緣起。

我們對自己生命的理解，也都是用這種方式，用一種——「我假設我現在停止了，來看這外在在動」，而不了解「我現在動，外在也在動」才是真實的緣起相，所以就落在兩邊了。

我們隨時隨地都在找兩邊來安置我們的心靈，否則我們沒辦法看事情，沒有兩邊我們看不出事情，但其實在這裏已經產生錯謬了，這是「二取分別」；然而當我們在智慧法性平等當中，二取分別就了盡無餘了。

「**從本解脫自解脫**」，為什麼這裡的解脫有兩個？「本然解脫」是一切現前本然解脫。因為我們不了知，所以蓮師特別指示我們，本然現前即是解脫，從來沒有纏縛過。

依據這清淨的指示，剎那之間自己就自然而解，這叫自解脫。

這個自解脫不是我依靠什麼來解開，要依靠就是相對性的動作。像禪宗的公案，你在一個禪師面前說：「禪師，希望你讓我解脫！」

這個禪師說：「是誰綁你呢？」這樣叫「自解脫」，是冰銷溶解的解脫，是剎那間：我原來、本來就解脫的。

這樣發現後的解脫，是自然的、自生自顯的解脫，而不是來自於一種相對性的解脫，也不是一種緣起相的解脫。

所以禪宗說：「從緣入者，不是家珍。」所以「從本解脫自解脫」，自生、自顯、自解、自證，自然這樣從本解脫自解脫！

大家不要把這兩個解脫錯讀、輕忽過，這兩個解脫是有它的意義！勉強解釋是為了幫助大家理解的！希望大家不要落在裡面。

這從「本」的話是本有，「自解脫」是修生，似乎是落在因緣當中，但其實是本來如是的，所以說本解脫自解脫，是自解脫的時候，已經不落在時間、空間裡面。

發現到原來從前是一個錯誤，所以本來就沒有這個東西，如同第二月、兔子身上的角，發現了這個「沒有解脫」根本是假的，而現前證得解脫，這句「從本解脫自解脫」要如是理解。

現前清淨的大智慧

「本來清淨大智慧，離心造作自解脫，自解脫王為法身」，本來清淨的大智慧，這個智慧本身是現前清淨，是從來沒有被染著過的。

什麼是「本來清淨大智慧」？

我們每個人現前所具有的，就是本來清淨大智慧，現在的，當下的這個就是，煩惱就是清淨大智慧！心中不會有忐忑不安的現象。

「離心造作自解脫，自解脫王為法身」，現在有誰的心能夠造作呢？如果我們反過頭來看，根本從來沒有造作，從來就沒有人能夠造作的。在這剎那之間，在本然空性裡面，法性現前清淨無污染，本然清淨到最後離心造作，本然如是。而這裡面從來沒有增加過的，是以非因緣生、非自然生而現前自在。

大圓滿的四性戒

自解脫王從這裡面剎那之間，宛如日輪從海中迸現的狀況，這個就是法身，這是自解脫王，這是「獨一、廣大、任運、無實」，這自解脫王，也就是大圓滿所謂的「四性戒」。

什麼是四性戒呢？一般我們說「戒、定、慧」是三學，那戒、定、慧三學是一個次第。

但同樣是「戒」，在小乘來講是行為戒，在大乘來講是心戒，但是就密宗而言，這個戒更嚴格了！到達大圓滿的時候變成「四性戒」，就像「禪戒」一樣。

「禪戒」是什麼意思？是戒、定、慧三個合在一起的叫禪戒，所以禪戒一如啊！

四性戒：「無實、任運、廣大、獨一」，它是戒、定、慧合在一起的，所以叫「性戒」——體性之戒，法界體性之戒。

法界體性之戒，是從一個圓滿裡面分作體與相，禪戒是跟智慧波羅蜜結合在一起的，而性戒也是如是。

「自解脫王為法身，解脫于餘無對待，如我親自之所證，於諸徒眾如是云」，自解脫王為法身，法身現起時，他所現證的是「獨一」的境界，這獨一的境界在《金剛經》就是所謂的「一合相」。所以「解脫于餘無對待」，不一不異，離於一切，一多的這種對待，他是如是，一合相，所以說它是獨一。

光中之光──金剛鍊光

「**如我親自之所證，于諸徒眾如是云**」，這都是如同蓮師所親自所證得的，而給予我們大圓滿的教授。

在大圓滿的教法裡面，「且卻」本身比較近於一種所謂的「定」，「妥噶」它比較像「觀慧」，但是這跟一般的定慧已經不一樣了。

「且卻」跟「妥噶」都是般若波羅蜜多以後的事情，可以說一個是近於「默」，一個是近於「照」的境界，「且卻」近於「默」的境界，「妥噶」近於「照」的境界，所以說「且卻」跟「妥噶」的光也會匯合在一起，就像

「默而照，照而默」。

所以，除了且卻跟妥噶的修鍊以外，再加上一個口訣的教授，這個口訣的教授都是上師所親證的，而且從整個歷來不間斷的傳承，加上上師親證的，全部加起來。

我自己本身在「且卻」跟「妥噶」上面，雖然不能夠完全明顯自如，引空色入體、引光明入自身，自身能夠明顯虹光現起，而我自己也有很深刻的金剛鍊光的經驗。

金剛鍊光像什麼？金剛鍊光是透明無色的光。

一般來講，夢光或法性光是一片的，是整片的亮光，這樣的光明是從法性中產生的，這屬於法性光明。

而一般的光明包括道家的光明、禪定的光明或是其他宗教的光明，這些都是屬於「定光」。

佛法的法性光明則是來自智慧的光明，稱為「慧光」。

智慧的光明是一整片的，依它的柔和程度配合它的厚實度，會產生差異性，厚度越厚，愈溫潤，愈清淨。

紅教裡則認為其教法有更加殊勝之處，就是從這個法性光明之後，還會產生更深刻的「且卻」跟「妥噶」的光明。從法性光明裡面再產生光明，從光中再顯出光，所以稱為「心中心」。

為什麼叫作「明點光」？就是說從這個光裡面，從這個基礎上面普遍性的光明，像大手印或四灌的光明之上，還有「無相灌頂」，無相灌頂所產生且卻的光，稱為「金剛鍊光」。

這個金剛鍊光除了透明無色之外，一般而言最基礎的話像一個一點、一點，一小圈、一小圈像鍊子一樣，一圈圈圓這個叫金剛鍊光。這金剛鍊光到最後的話會結合在一起，它是串起來的，所以叫金剛鍊。

金剛鍊再繼續下去會變成什麼？金剛鍊再繼續下去的話，會結合在一起，它會從一個虛空無相裡面，它又產生相，這個相是光中之光，會聚成像金剛杵、鈴等等不同形像。會依據個人不同的修持、過去緣起的淨因，而顯現出種種不同的形相，顯現出金剛薩埵、佛身的形相，或種種的法器等等相，這些相全部都是用光點積聚而成，所以稱為金剛鍊光所成。

如果從金剛鍊光之中又產生五色光，這五色光就是五方佛的究竟的光明，也代表五智，那麼在這裡面會有自身金剛鍊光。我曾親見過多次，而有一次身如霓虹的特殊經驗。

當時我的身體產生了很奇特的變化，整個身體內部就像霓虹燈一樣，似有「戚戚差差」的聲音，一串一串整個產生，因為身心在一種寂定的境界中，所以無法開口說話。那次身如霓虹的感受非常深刻，所以這種境界確實是能夠達成的。

我希望自己能如同這裡面所講的，「如我親自之所證，于諸徒眾如是云」，因為講這個法不是照本宣科，也祈望大家能證得如同蓮師所親證的境界。

本來清淨的正見

「**諸法之邊即有無，正見本淨離中邊，任何表示不能顯，高低建立亦無有**」，這些與前面重複，為什麼會這樣表達，因為這是即心即顯的宣講，所以會有這樣的表達方式。

「任何表示不能顯」，因為任何表示都不是它自身，但同時一切現前皆即是。因為我們指涉一個東西時，都是用一種名詞、概念式的表示，但是在這邊，因為它是現前本證的東西，所以說是任何表示不能顯，但是你了悟現證的話，一切現前皆是。

所以，以自身來顯現自身，自生自顯，方能夠究竟，「高低建立亦無有」還是以二邊來講的，講「高低建立」和「有無兩邊」還是一樣的。

「**斷常四邊自解脫，尋求不得亦不見**」，這其實是剛剛第五句所講的

「二取分別盡無餘」是一樣的，「二取分別」是諸法之邊即有無，有無就是二取，這諸法之邊是「有、無」二邊、「常、斷」二邊，這是一切對待的雙邊。但是正見本淨，正見是本來清淨的正見，它是離開中邊，離開一切對立的。

「斷常四邊自解脫」，四邊是：「一、異」，「斷、常」，「生、滅」、「來、去」。或說「八不」，這「八不中道」就是在破除一切對立。「八不」是一種簡約的說法，其實是指一切都不。

為什麼一切都「不」？因為一切都「是」。既然一切都是的話，任何的表示、任何的顯現都錯了，因為這樣如是、如是，如是、如是就是如是、如是、如是、如是、就是如是而已，就是如是。

所以說「這個」或「那個」的話都不是，「八不」是在顯現「如是」的境界。就是如是，不管用破或立的方法，都是回到就是如是而已。

而要到達如是境界，所以用「遮」或「斷」，或是指示都可以，都能夠達到這種境界。

但一般人都落在「斷、常」等四邊，「高低建立亦有無」把這些都打掉了，這時候，赤裸法身自顯現，所以說斷常四邊都沒有的時候，就能夠從這中間得到自解脫。

「尋求不得亦不見」，當你的心相續去追尋、相續去尋求的話，永遠沒有辦法得到這個，因為它是自生自顯、是自身所顯，是在一切染污、一切的無明全部打碎的時候，自然顯現的。

就像六祖惠能所說「菩提本無樹，明鏡亦非台，本來無一物，何處惹塵埃」，我們如何去尋求一個「空」呢！就像騎著驢找驢，拿著頭在找頭。所以這樣翻轉過來，就是如是。所以「尋求不得亦不見」。一般人覺得是「推尋三世」，推尋過去、現在、未來三世，所以不可得。一切諸大菩薩皆共推尋佛事不可得，不可得，為什麼?以推求故。

所以「若起不起，不起即是性起」，若起不起，不起即是性起，如來性起，即是法界性起，即是自起、自顯、自解脫。

所以，對所有障礙將其除去就是了，不要再去頭上安頭，再抓一個佛出來，佛沒有那麼多，所以禪師說「佛之一字我不喜聞」、「念佛一句漱口三日」，這就是把所有的對立，佛與眾生、清淨與染污等種種對立除去。如此才是赤裸顯現法身佛！

超越一切對立

「無取諸法越諸邊，離世出世之方分，超越心思所行境，無自宗派無他界，空即不空有即無，證即無證事無事，剎那于邊亦無取，遍於虛空不能計。」

「無取諸法越諸邊」，超越一切的法相，也超越一切的對立，只是現證在大圓滿法的清淨境界裡面，離開一切世、出世間一切種種的對立，超越我們一切心意識的推演，而顯現智慧自身。

在這種狀況裡面，沒有宗派的差異性，因為一切現前。所有的宗派本身，都是一種落實在現象界裡面的文化的產品。其實沒有自他宗派，因為一切是你成佛、他成佛、每一個人都成佛，都是圓滿的境界，每一個人都是一樣，但是我們所顯現的是依於自己的因緣時節所顯現，然而每一個人的究竟境界都是一樣的。

「空即不空有即無」，兩者絕對的對立在這邊都要統一，所以空與不空是一對，如同《心經》講的：「色即是空、空即是色；色不異空，空不異色。」在這邊任何的對立，任何的概念上的衝突，在此都已經消融。

「證即無證事無事」，是在所有「理」上得到「理無礙」，在所有「事」上得到「事無礙」，所有理與事得到「理事無礙」，所有事與事得到「事事無礙」，所有理與理得到「理理無礙」，一切一切在這邊都大圓滿，所以無論是新參久修，成佛與不成佛，在這邊都是如是。

知道自己是演戲而已，演戲就是一種扮演角色，這是如幻的境界。

其實這已經超越如幻了，這個是當下即是的解脫境界，當然我們所說的是指果地的境界。

「扮演」比較屬於「道」地的階段，它還是修行的境界，還在修行的階段，而「證即無證事無事」是果地的境界。這樣的說明，是希望能讓大家直接契入。

時間取當下、空間取當體

陳上師所說：「時間取當下，空間取當體。」這種狀況一直延到法界大定，都是時間取當下，空間取當體。

陳上師說：「此一當下、非指目前而已，三世皆在里許。前此當下已去而未滅，後此當下未來而不新生。剎那中，大去、一切劫，三世，總在此大圓滿中當下，如不認識，則十萬八千里去也。空間取當體，此當體非當現在目前某事物之當體而已，十方一切事物皆在內。無分染淨聖凡總在此大圓滿中，其中無一物可取，無一事可捨。」時間取當下，空間取當體，這樣擴大廣大無邊，到了「法界大定歌訣」裏就變成「十方廣大無邊，三世流通不盡」成為華嚴境界，空間關係跟時間關係就是結合在一起。

但是這裏有一個細微處要說明，就是陳上師的「時間取當下，空間取當體」，雖然是如此，但是如果取得太進去了，就回不來了。時間取當下，空間取當體，可是當下把它擴到十方三世的時候就回不來了，這樣就沒有當下，也沒有當體。

所以在此要回破，如果沒有回破，就會到「十方廣大無邊，三世流通不盡」。但若是到達此境界，可是其後又出現：「如是心休，外內凝成一球，如是一球，充滿法界去，如是法界，一念萬年去！」如是一球，充滿法界去，是十方廣大無邊，「如是法界，一念萬年去」是三世流通不盡，就是這個。

「時間取當下，空間取當體」是一種指示，指示修行的最佳的指導，但是它只是一種指示修行的方法，現證沒有實體的「這個」。

從陳上師如此殷勤的說法，我們可以看出藏密和禪宗兩種不同的教學風格。密宗總是希望能盡其所能來讓學者了解，講一個你最可能知道的，所以會講到講到實在是無可講時，還是要講。

但是禪宗的方式就不同了，他是以「一腳踹開」的方式，用譬喻或是用直接點破的手法，甚至連語言當下都不談，然後直接「啪！」一下就越過去了，你就知道了。即使是文字，禪宗也是如此，不會留下一個尾巴。

我們再看看「法界大定歌訣」：「十方廣大無邊，三世流通不盡」這是二句，「於此無邊不盡上，自住、續住。有妄想、回住。無妄想、近住、伏住、寂住，如有昏沈，立即提醒。無昏沈，最寂住，惠住等，如是等住，自生，自顯，自然。如是自然，自住，脈停，心休。」

一般來講，禪宗到這裏的話，他應該會交待一句，但是不會落到是：

「如是心休，外內凝然一球，如是一球，充滿法界去！如是法界，一念萬年去！」就禪宗而言，這樣的表達感覺到這是多了一根線，多的一根尾巴。話雖如此，「法界大定」絕對是近代罕見偉大修行的歌訣。

「**世出世法集于一，無作無生本菩提，從本任運無光滅，不能言詮不能思**」，如果就蓮師大圓滿教授本文來講，大家在文義上很容易理解，但是如果大家是以分別的心境來了知此大圓滿法，那麼這與一般的解析方式來了知佛法的義理，並沒有什麼不同，但是，如此就失去了整個大圓滿法在現證上的本然的意義了。

所以我們修持這大圓滿教授，在基本上，大家不要以分別臆測、解析的態度來了解內容，也就是說希望大家不要用分別臆想的、用意識所行的境界來了知，而是能夠超越於意識分別、臆測、解析，而以一種赤裸、無染、無修、無見、無行、無果的心，在剎那之間領受，當下所指示的大圓滿的境界。

大圓滿的光明

什麼是子母光明會？就現象來說，子光明是修生的光明，母光明是法性本有的光明，子母光明會是修生的光明與本有的光明相會，也就是本覺的母光明與始覺的子光明相交。

如果就金剛乘殊勝的意旨而言，母光明代表上師所指示的光明，是上師所顯現的光明，而子光明是我們修生的光明。所以，在修證的過程中，上師的指示見性是十分緊要的，上師的指示就是一種母光明的展現，尤其在大手印中，子母光明會是極為重要的。

上師在當下彈指指示學人，在無分別的心中，這就是上師給予的母光明加持學人所修的子光明，子母光明會是學人依母光明達到專一的境界。

此時若見明體，就達到離戲的境界，而子母光明會就進入一味的境界，子母光明會的一味境界後，學人進入無所分別、無修可修、無證可證的境界，這是子母光明會的全然圓滿，本有與修生、本覺與始然在此都一切泯然、無所分別。

但是在大圓滿與禪宗裏面，子母光明會變得沒有意義，因為子母光明的相會代表還是有次第性，還有上師的指示與學人的現證。

在禪宗裏子母光明根本不存在，禪宗是講「啄啐同時」。啄啐同時就像雞蛋要孵出來，孵到因緣時節成熟時，蛋裡頭的小雞已經成熟了，於是他往外啄，而母雞往內啄，這就是啄啐同時。一啄的話殼就開了，在這裡沒有子母光明的分別，它是一相。

如果雞蛋裏的小雞還沒成熟，母雞一啄蛋，那麼小雞就死在裡頭；假若時間到了，母雞不啄的話，小雞出不來，也是死在裡面。所以因緣時節是很重要的。

所以禪師不是拿著香板隨便亂打，那這香板似乎變成了戒護棒，這是不對的，禪棒是金剛王寶劍，而不是戒板，不是學人做錯事情，禪師以之來棒打，禪棒本身是金剛王寶劍，它是以上師的證量跟弟子的證量直接會合在一起的一種顯現，這是一合相，所以不是子母光明。

大圓滿雖然不像禪宗那麼直接，但是它本身的「且卻」跟「妥噶」，所謂「立斷」與「頓超」本身所顯現的光明，已經是子母光明會之後的光明。雖然它仍有殊勝的口訣與殊勝的指示，但是在見地上面已經超越子母光明了。

在大圓滿的教授中，上師一開始就給予學人特別的教授，其本身已經是在「且卻」、「妥噶」的光明之上，這光明是法性本具一味的光明，它不是由修生與本有光明會合，而是現成本具的光明，是法性的光明。

時間與空間的自由

「剎那于邊亦無取」是講在大圓滿行境的過程中，是在剎那之間圓成不取對立的雙邊。這其中有兩種意義：一種意義是說：在剎那之間不執著相對立的一切；第二種意義，是就上師的果地上而言，屬於佛的果地上的意義。

事實上我們去執取也不可得，因為根本沒有對立雙邊這回事，根本是不可得的。用手捏一下自己的眼皮，這就像是視力不好看見，而在白天看到滿天的星斗，根本是幻覺。

可是我們本具的佛性，無論如何都不會改變。

如果可以得到第二種境界，那麼你已經是現證在大圓滿的境界了。如果還在前面的階段，那麼還是在種種的加行；若在後面的境界時，就可以賴著成佛，什麼是「賴著成佛」？佛與眾生是不可得的，所以怎麼會不成佛呢？會有眾生呢？

如果能夠完全體解，就是在果地上的圓滿；如果安住於此而完全不動搖的話，就是剎剎那那、層層海海整個都是現證的圓滿。

「剎那于邊亦無取」這個剎那是空間取當體，時間取當下，剎那間所有的對立兩者都完全不執著，而且在剎那當中如何去執著？剎那間無生不可得，如何去執著呢？

而在這剎那的當體、當下中，我們對一切不執著時，突然間，超越一切相對待性的差別，在超越相對性差別的時候，所有相互的限制已經消除掉了；這種交互的限制消失掉的時候，我們在空間上面，在時間上面已經完全沒有任何的限制。

所以在時間上，一念三世，都是完全平等的，一念即具足三世，三世即具足一念，長劫納短劫，短劫納長劫；在空間上，大小互容，小大互容，層層剎剎，交互映攝。

所以，在此會完全的全體脫落，整個虛空粉碎，整個法體宛然現前的時候，所以這是「遍於虛空不能計」的境界。

這樣的境界是會廣大沒有任何的執著，所以是無實、廣大、獨一、任運的境界，赤赤裸裸地顯現出來，就像鯉魚躍出龍門一般，或是像日出時日輪跳出海面，就剎那間就跳出來了。

這個境界是在我們所有意識層、意識的境界、整個識浪平伏的時候，在剎那之間整個法性像日出時，日輪浮現一般的狀況。

因為在這種境界裏，「若起不起」，整個識浪平息不起的時候，智慧宛如日輪一般就跳出來了，或像鯉魚躍龍門，啵一聲跳出水面，這時，整個境界赤裸裸、圓滾滾的無邊無際的展現。

也因此我們可以感受到密宗常常運用形相來表徵一些境界，所以密教常用日輪或月輪來表達法性。或以金胎兩界的大日如來的表達。一是在胎藏界大日如來是法界定印，在金剛界的大日如來它代表五智的成就，是智拳印；那另外它表達方式是在一個蓮花上，一個圓滾滾的日輪，或是月輪，無論月輪或日輪都是代表法性。

像龍樹菩薩，傳說他每次講經會現起月輪時，都沒有看到人，只聽聞到聲音，和看到一抹月輪在那邊，這是進入月輪三昧。這樣的顯現，也代表他進入法性的境界。

所以這是一種表徵的方式，可是一旦執著這種表徵的時候，又被執著掉了；當然我們可以觀想日輪，修成日輪觀。但是，如果修到這日輪無法改變，充其量只是一種三昧定境而已，而不是法性的顯現。

所以，「剎那于邊亦無取，遍於虛空不能計」，是在時間與空間上的完全自由自主。

此時，「世出世法集于一」，此時世間法與出世間法會相會合於一。「一」不是一異對立的一，也不是一多對立的一，而是剎那圓滿的一。「一」是《金剛經》講的「一合相」的一，是全然的一，是全體的一，全體合相的一。

任何對立在此已經不存在，我們在過程裡的忐忑不安、不圓滿，在此全部統一，這種統一讓我們的自心與外境完全得到平等，眾生與佛也得到統一。

菩提自性本來清淨

「無作無生本菩提」，沒有任何的造作，本來無生，在「世出世法集于一，刹那于邊亦無取，遍于虛空不能計」這種境界裡，其實是沒有任何的造作與作業，本來無生無滅、沒有心意識的造作，本然就是菩提、本然大覺的境界。

這就如同《六祖壇經》說的：「菩提自性，本來清淨。」無作無生本來清淨，本來就是無作無生，又如何造作生滅呢？而且沒有辦法污染法性本身，即使造了五逆重罪，殺佛乃至殺阿羅漢，但是法性宛然、菩提性宛然，所以沒有任何東西能夠染我們的佛性、菩提性，污染即不得啊！

所以，我們一定能夠圓滿成就，就算是我們造了很多的重罪，也沒有問題的，因為佛性非「常」非「斷」，離於一切斷常，它不會被任何遮斷，同時佛性也不落在時間跟空間所形的境界裡，因此在時間上，在空間上佛性即不會被污染。

「從本任運無生滅」，菩提自性本來是清淨的，所以從「無作無生本菩提」裡面，菩提自性從本任運沒有生滅，也就是「菩提自性，本來清淨，但用此心，直了成佛。」也就是說，「無作無生本菩提」雖然是如是，是污染不得，但是在我們現在的執著裡，它帶給我們的痛苦，而這痛苦對我們來講是實質的，但是，如果我們把這實質的痛苦放空，痛苦消失掉了，那麼菩提自性就顯現了。

這其實還是一般的修證方法，是苦、集、滅、道的一種修證方法。世間有苦，苦有苦的原因，我們消滅苦的原因，而消滅苦的原因有方法，我們把苦消滅了，所以苦集滅道能夠幫助我們修證。

而在這大圓滿法，或整個禪法所顯現的方式不是如此，它是從本覺的圓滿心要裡面下來的，所以它是「無作無生本菩提，從本任運無生滅」，從本覺、菩提心王來保任運作，它自然無生無滅，所以菩提自性，本來清淨，但用此心是從本任運，直了成佛。

但是菩提自性本身是不能以任何語言來表示，如果我們用語言來表示它、用符號來表示它，或用任何東西來講述它的話，都已經離開它自身。

所以菩提自性是「不能言詮不能思」，在思憶、意識所推論的過程，符號推論的過程中，分別、臆測，都已經離開它了，但是要注意如果我們這樣一直走下去的話，可能會落於無邊，落於斷邊。

但是，反過來說，所有言表所有思即是菩提自性，請注意，不是說我所言表或是我所思憶、所指涉的對象是菩提，而是一切言表當下的這言表本身，一切的思議、意識自身，它是空性的，這個即是大圓滿。

但是，當我們以言表或用思臆的境界來解釋或解析大圓滿的時候，就已經遠離了，但問題是，我們解析自身，言表自身，也是大圓滿！這就是如是的意思，也就是性空緣起的意思。

緣起或性空本身它會造成輪迴境，緣起只是如是如是而已，但是這如是我們去指涉下一個如是的時候，它變成輪迴，以這緣起去勾攝那個緣起。

例如，當我們想：「我要去看電影」，這句話沒有問題，但是，如果我要看電影，而看不到電影就很生氣，這就落於輪迴了。如果我看了電影而依依不捨，永遠沒辦法離開，這也是落入輪迴。

語言的三種體性

語言本身是清淨的，但是對眾生來講，它可不是如此，在《大度智論》裡講語言有三種體性，一種是「染污」。例如我說這個是一塊木頭，一塊檀木，是我指涉檀木時，並沒有什麼問題，但是一般眾生聽到這是檀木時，心中便產生很多的臆想：它的價錢有多少，它蠻貴的。

檀木本身是有檀木的自性，一但我們被檀木所執著了，這就是染污。

另一種是「慢」，例如你已經了知檀木是空性，但問題是還不能完全從

「檀木」的意念中完全自在解脫，還有一些黏滯，但是已經沒有根本的煩惱，這是慢。另三種是「清淨」，檀木只是一種指涉，就是檀木，它是無自性的，既然是無自性，一切語言現前是無自性，那當然是大圓滿。所以一切語言都可以用的。一切語言，一切現前的東西都是沒有問題，問題都是出在我們自心的執著、染污。

所以《金剛經》告訴我們：「若以色見我，以音聲求我，是人行邪道，不能見如來。」這是破斥對於三十二相的執著，如果執著三十二相的自性，那我們本身就有問題了，這就是行邪道；但是如果不以三十二相、八十種好來見如來的話，又入於斷見，斷滅則落於無因無果，如此一來，世界的運作本身變成沒有次第性，所以《金剛經》是破空，同時也破有，有則以「無相」對，破空則以「布施」對，這是無相布施，所以《金剛經》不只是教「空」而已。

像《金剛經》這種聖者的典籍，如果我們把它當成是思臆所行的境界，也就是以聞思修的立場來看的話，那這樣的經典對我們而言就是一種次第的修持；但是，如果就一個現證者，或是佛陀當時在跟我們指示《金剛經》時，這就是大圓滿法。因為，在指示的當下，就現證了。

當佛陀在講說《維摩詰經》時，當時多少天人馬上開悟證得無生法忍，那當然是大灌頂。所以，如果經典變成一種殊勝的、直傳的口訣，在非意識所行的自心裡，剎那赤裸顯現的時候，這就是一種殊勝的無相灌頂，如果還是停留在聞思修的歷程中，那就是一種聞思次第修證的東西。

法性沒有染垢與清淨

「**法性從來無垢淨**」，法界的體性從本以來就沒有任何的染垢與清淨，從本以來就是它本然的樣子，但是「法性從來無垢淨」本身是超越一切生滅的對待，我們現在時間、空間的系統的運作都是由生滅對待所造成，時間、空間是兩維，在空間上我們發展出三維變成立體式的，這是我們的世界，時間再加一維變成四度空間，但是時間、空間並不是絕對性的，所以時間、空間它可以不斷地發展、不斷地運作。

在《華嚴經》中的海印三昧就是無限度的世界，在華嚴世界裡是無限時間，無限空間，但是在整個法界體性裡，根本沒有時間與空間的差異性。

所以不要把「法性從來無垢淨」當作從開始以來就沒有垢淨，法性是沒有時間與空間的對待，本來就沒有垢淨。當法性落入時間、空間的對待，在時間序列裡面，在空間的位置當中，也沒有垢淨。

所以「法性從來無垢淨」，不是說從什麼時候以來，而是本然如是，沒有時間與空間也是這樣子，有時間與空間也是這樣子，而且它從來沒有變異過，所以法性從來無垢淨，沒有任何污染與清淨的差異與對立。

「**世出世法心無緣**」，所有一切法與我們的心，這其中還是兩個意義：一個是無所攀緣，一個是無能攀緣。無所攀緣是說，你怎麼去攀緣都沒有辦法；無能攀緣是不可能攀緣。因為三輪體空，心是（主體）是空，「能」也是空，「所」也是空，如何去攀緣呢？所以是「世出世法心無緣」。

「**離心智慧法身遍**」，基本上「心」是落在有為、造作、思維意識所行的境界，當我們離開心的運作世界之後，離心的智慧會讓我們法身遍滿一切，法界體性就赤裸現起。

請注意，法界體性並不是在離心智慧現起時它才有的，不是後來經過修持才得到，但也不是本來有，意思是說：假如我們本來就有這個東西，這樣說法有時候可以成立，但是有時候這樣想會產生問題，因為說本來就有這個東西，又變成是再想像出一個東西在那裡，這就落於常邊；如果說本來沒有，突然間出現了，那也是不對的，那我們又要懷疑它是否會壞掉了。

在唯識的系統裡，到最後說一切是唯識所現，八識都是染污識，染污識經過修持而圓滿，成就大圓鏡智等清智慧。

在此或許有人會懷疑，如果染污會轉成清淨，那麼清淨會再變成染污嗎？如果真是如此，就變成「四智不定」，所以是成佛不定的論調了。

成佛之後會墮落成眾生，這個引來很多的爭論，這樣下去成佛在沒有把握，所以唯識論到最後沒辦法，就說有一個清淨無漏的種子寄生在八識田裡。這時又生出一個問題：不知道什麼時候開始寄生呢？那問題很麻煩，而中觀就沒有這個問題。

所以，不要說本來就有這東西，這東西是非有非無，不是說破了之後才有的，但是，也不是你有一個東西放在那邊。

可是當離心智慧現起的時候，這一切若起不起，不起的時候，這個「性」自然而然就轉換了，這樣的說法好像很矛盾，但其實是統一的，因為所有的染污本身就是清淨自身，當我們看到這個的時候，突然間煙消霧散，就看到清淨自身。

「**此即平等大圓諦**」，遠離有為、有相、有造作、有意識分別的這個心，而得到智慧之後，法身遍滿無障礙、任運，此即法性平等的大圓滿的真實義諦！

本來就無繫縛

接下來，我們一句一句讀，在自心中會現起一些覺受。「**心本不繫亦不解，無所從來無所住，去向亦無離邊表，本解無境無受因。諸法如幻如遊戲，聖凡執取無餘法，苦樂如夢無實境，世出世法無自性。**」

「心本不繫亦不解」的「心」是眾生心、法界心、一切心，此心不是一般的肉團心，或是心意識，心在運作上有廣狹多種意義的差異。「心」代表著很多意義，因為佛法對心的理解太深了，所以「心」用起來也很複雜的。

就以雪為例子，雪在我們的概念中是很單純的，就是下雪，可是跟一位愛斯基摩人談雪，他會搞不清楚我們所指的雪是什麼，因為對他們而言，太多種類的雪了，所以不同的文化是會產生不同的認知。

佛法對「心」的理解很深刻，而我們一般的語辭太化約了，因此在語辭的認知上也會造成一些衝突。

「心」是很廣義的，「心本不繫亦不解」，「繫」是繫縛，「解」是解脫，心是不被繫縛也不被解脫，所以在無有繫縛的狀況下又如何解脫呢，所以是自解脫。它不是將什麼東西解開，而是你會發現本來就沒有繫縛的。

我們其實都被催眠了，錯看這世界，以為自己被綁住了；但是佛陀是位大幻化師，他跟我們說：「你被綁住了，那現在先把手上的第一個結打開。」我們就打開一個結，但是根本沒有那個結。

佛陀是一切智者，他知道我們被催眠，所以就依據我們被催眠的狀況，讓我們打開一個結，再打開第二個結，一個一個結打開，打開到最後被催眠的東西已經變得非常單薄了，才發現根本沒有這結，就解脫了。

解脫的時候，會發覺到從來沒有綁過如何解脫呢?所以《金剛經》說：「無有少法可得，名得阿耨多羅三藐三菩提。」

佛陀知道眾生被催眠，所以依照我們的催眠境界跟我們玩，他告訴我們：「眾生無邊誓願度，煩惱無盡誓願斷，法門無量誓願學，佛道無上誓願成。」

而大圓滿法是直接給我們最圓滿的境界——心本不繫何有可解啊！這時突然猛醒，剛開始很不習慣，要調整一下，這就像密勒日巴馬爾巴上師調鍊一般，因為這是從一個最深沉最哀痛的夢境當中突然間被驚醒了，感覺到一切現象很不適應。

其實最殊勝的教法，根本上是最簡單的，但是沒有人肯相信！最簡單的是佛陀對國王渣說的那句話：「你是佛！」說真的，我常想講這句話，但是我怕一講出口不知道自己會不會挨打，如果我對基督教徒講，他們可能衝擊沒那麼大，或是對剛剛學習的人講也沒有關係，因為他什麼都不清楚；但是對老參講，他的反應可能會很強烈，因為他對法的執著。所以對於老參必須設計一套很複雜、很有次第的教法，然後讓他感覺真的在修持一套方法。這都是相應於因緣而發展出各種不同的方式。

「心本不繫亦不解」這真是說來容易做來難，最容易的法是最難的，但是，讓自己簡單一點，成佛不要那麼浮華，簡簡單單，明明白白，「我是佛！」就這麼算了。

「無所從來無所住」，如來是如來如去、無所從來無所從去，來去一切的平等相，所以是如來。

如來與眾生最大的差別是：如來知道無所從來無所去，而凡夫不知道自己無所從來無所去。就差這麼一點，凡夫的體性與如來並沒有差別。

無所從來亦無所住，是沒有任何的執著、任何的來去差別相。就像《金剛經》的「無住生心」，應無所住而生其心，這是「無住」；但是無住還要生心，一個是不生，一個是不滅，但是不滅還是不生！

所以心生時應無所住，而且實無所住。「應無所住」是修行境界，「實無所住」是圓滿境界，所以「無所從來亦無所住」。

「去向亦無離邊表」，無所從來、無所從去是去向亦無，無所從來是沒有任何安住，所以無住而生心，無所從去也沒有任何去的地方，也沒有任何的去的執著，離開一切的對立。

虛擬幻化的世界

「本解無境無受因」，「本解」是本然解脫，「無境」是任何的境界都是無生無滅的；「無受因」是沒有受因，因為因緣果報或是所受的種種境界都是有主體才會有受的；但由於本然解脫，本然無我，本然現空，所以當然是無受因。

如果說我們很痛苦，痛苦的現象是大家定義的痛苦的現象，但是痛苦是沒有主體的，痛苦是大家規定這樣叫做痛苦；所以當我們碰到這種事情一定要以這種方式痛苦。

舉個例子，就像我們玩電腦遊戲，在電腦內輸入一個軟體，這個軟體裡有幾個人在玩遊戲，比如有X與Y，X的身體是在時間除外的一個立體的，是在三度空間中運作，X佔有一個位置，假設X對地面的壓力有五十公斤，那麼X就是五十公斤，他對地面有固定壓力，能承受五十公斤以下，如果超過他就斷了，這電腦程式是這樣設定。

而事實上根本沒有這些東西，全部都是虛擬的，其實它全部只有一個，整個宇宙只是一個宇宙明點而已，宇宙虛空明點。只是現在我賦予他種種顏色，種種的運作，造一個相，他有相對性、有結構，賦予他種種資料，那另外一個叫Y，也賦予他程式，他們都會想、會思索，是如何思索，這一切都是設定進去的，如賦予他整個內在形象。

現在叫Y拿起一個刀子輕輕的劃過自己的手臂，開始流血，這叫做「痛」。但是石頭打石頭我們不會稱之為痛，整個法界就是這樣玩出來的。

這裡面有一個總體意識或說是集體意識，這集體意識即佛法中所稱的九識，這九識也就是我們的共業。

九識本身也是在變動當中的，因為軟體設定的人員常常改來改去，他自己在改變這個遊戲，所以在集體的共業中，還有每個人自己個別的業力，但是個別的業力沒有辦法推翻共業，所以我們被業所制約。

但是我們每一個人，還是有自己的空間跟時間，就像是夢中夢一般。但是落在客觀的世界裡頭，我們還是受制於共業，共業是我們共同集體的意識裡面所形成，而來反制我們自身的。

當我們轉化意識成為智慧時，我們就超脫了制約，但是我們仍然重新回到這個法界，就是倒駕慈航。

倒駕慈航是用這種方式來運作，但是已經不會受第一個指令的制約了，這第一指令就是無明。無明有集體的無明和個別的無明，所有集體的無明是由個別的無明不斷參與、不斷加入、不斷地轉化而出的！所以集體無明也不是固定的，也是無常的。

再解釋一下「共業」，像中國人喜歡喝茶的文化，這也可稱之為小共業，中國人對茶有某種特殊的感情，中國人喝茶的感覺跟其他國家的人喝茶感覺不一樣。

更明顯的例子，像我們去印度是不敢隨便買外面的東西吃的，印度人吃起來絕對沒問題，但是像我們在路旁隨便吃，可能會拉肚子的。

舉個有趣的例子，有一次我在印度逛大街，遠遠看見攤販上擺著像黑色小山的東西，可是一走近，「轟」的一聲，全部變成黃色的，黑色都不見了（黑色是蒼蠅），當然，我們吃了就會拉肚子，這也是我們的小小共業。

地球當然有地球的共業，人類現在長的模樣，有眼睛、耳朵、鼻子、嘴巴，有眼、耳、鼻、舌、身、意，這稱之為人。如果轉換一下，一位沒有眼睛的漂亮小姐，恐怕這不是大家可以接受的漂亮，或是鼻子長在頭上的雄偉先生之類的。

因為我們已經集體認為我們就是長這樣子了，我們會因為外在客觀世界的物理世界的改變而有些變化，但是，基本上未來的人類還是會朝著這個方向繼續走下去。

譬如說，一百萬年前，人類的祖先猿人長得嘴巴突突的，但後來整個物理世界還有我們自己本身經過不斷的突變，變成現在的樣子稱為人，請問猿人比較漂亮還是現在的我們比較漂亮呢？我們自有答案，所以共業本身有比較小的共業及比較大的共業，而且共業會不斷地擴大。以上的說明希望大家對共業有一個基礎的了解。

「諸法如幻如遊戲」，一切的諸法是宛如幻化的，如鏡花水月一般，它根本是無實，而且剎那剎那不斷的變異，宛如遊戲一般。這遊戲是講兩個：一個是說事實上它們就是不實際的，它們是像遊戲的狀況，就如來果地而言，這是一種遊戲王三昧，他隨時隨地在一種因緣情境裡，去扮演一個角色，他扮演的角色，當然也是一種如實，在遊戲王三昧中所扮演的角色是無量千百億化身的境界，那跟我們單獨各別的一個是不同的，他是千百億化身。

「聖凡執取無餘法，苦樂如夢無實境，世出世法無自性，無有自性即法身」，「聖凡執取無餘法」，第一個是無有餘法可執著，第二個是現前的執著亦不可得，所以一個是從因道上來講說無有餘法可得，而在果上是現前執著亦不可得。

苦樂宛如夢境一樣沒有任何真實啊！世間、出世間的一切法都是沒有任何自性的，而沒有自性的本身即是法身。

本淨大解脫

「無有自性即法身，離心安放無實執，法界大種無實境，所有生滅諸緣起，于境剎那無自性，所現諸法如幻滅，一如琵琶如谷響、一如水月如鏡影。」

沒有自性這個東西，就是法身，這個「即」字是很親切，比如說在《永嘉玄覺證道歌》裡：「無明實性即佛性，幻化空身即法身」，這裡面表達的都是一合相。同樣的境界的東方聖者與西方聖者，他們所得的境界都是一樣的，中國的永嘉玄覺、印度的蓮花生大士所證得的果位境界都是一樣的。

所以就一個現證者的境界，他在任何的時空裡，他的境界心境都是一樣的；如果不一樣就慘了！就像如果不懂印度文，就無法了知佛法。那真是很嚴重的事情。如果講中文的祖師與講藏文的祖師所證得的境界不一樣，是不可能的，蓮師在此說「無有自性即法身」與永嘉玄覺所講的不是一樣嗎！所以「無有自性即法身」的「即」很親切，沒有任何自性就是法身。

「離心安放無實執，法界大種無實境」，當我們遠離心，安放自在沒有任何的執著。法界大種是指地、水、火、風四大或地、水、火、風、空五大，或是地、水、火、風、空、識六大；法界大種都是無實境、沒有自性的，都是沒有實際的。

「所有生滅諸緣起，于境剎那無自性」，所有生滅的種種現象、種種緣起，在這個剎那之間它本身是沒有自性，其體性就是空寂，而我們求其自性亦不可得。

「所現諸法如幻滅，一如琵琶如谷響，一如水月如鏡影」，所現諸法如同幻滅，宛如琵琶聲音、谷中的聲響一樣，所以說「聲空」。聲本身就是空，就像聲空一樣，它本身如琵琶、如谷響，它本身都是幻化無實的，也宛如像水中月、鏡中影一樣。就如同《金剛經》說：「一切有為法，如夢幻泡影、如露亦如電，應作如是觀」，所以露、霧、谷響、聲空、水月、鏡影、陽焰等都是講如幻化的境界。

「本無執有之自心，錯亂顯現太虛妄，當其認識離邊時，說為解脫並無捨，無所從來亦無滅，亦無住處離認識，如夢如幻之色境，于彼而竟執實已，不善巧子乃錯亂，當于本淨上解脫。」

藏密傳到中國來，有兩個時代，第一個時代是在元朝，蒙古的忽必烈拜發思巴為帝師。元、明、清三朝的密法只在皇宮大內流傳。第二個時代是民國以來，這個時期密法是平民百姓可以接觸的。

但是在傳法的過程中，似乎都存在著一個問題，比較重視修法的技術性，對於深奧法理的主體掌握比較弱些，有點像「有術無道」。其實最殊勝的教法一定是在「道」上掌握的，所以在技術上我們可以廣學多聞，但是在理上不能夠剎那虛擲；但在究竟義，如果在理上解脫，事實上就是同體解脫，這也是大圓滿教法的殊勝之處。

像禪宗二祖慧可的例子，二祖覓尋他的自心，結果找了半天說：「求心了不可得。」

二祖求心了不可得其實就是了，已經是了，求心了不可得也可以說是「且卻」，因為已經是了，而這時候達摩跟他講：「為汝安心竟！」這就是「妥噶」了。「求心了不可得」，這句話不能夠輕輕的略過去，求心了不可得是真的對自心不斷的求取，找了半天，發現真的是沒有自心了，這時候發覺怎麼沒有心，這時候達摩說「為汝安心竟！」，是在最後得阿耨多羅三藐三菩提的一種指示。

當我們看經典時，千萬不要讓上師指示的話輕輕流過，每一句話都是現證的話，「求心了不可得」，「我為汝安心竟」，所以慧可當下大悟，「本無執有之自心」我們要如此體會或許可以有所悟入。

「當其認識離邊時，說為解脫並無捨」，就修證面來看，當你完全了知、了證，已證入大圓滿的見地，已經完全認識了離開一切邊際的對立，這時候，我們稱之為解脫。

但是「解脫」，其實沒有捨棄什麼，也沒有得到什麼，只是開解誤會而已。

「當其認識離邊時，說為解脫並無捨」，無所從來亦無滅，亦無住處離認識」，這個都是赤裸顯現整個現證的境界，無所從來也無所滅，也沒有任何住處，離開一切相對待的認識，是一切對待的消融，全體赤裸地湧現。

「如夢如幻之色境，于彼而竟執實已，不善巧子乃錯亂，當于本淨上解脫」，「如夢如幻的色境」是指外界的種種現象界，但你一執著這個境界的時候，「不善巧子」指的是我們這些不善巧的人。不具足善巧方便的人，在此產生錯亂，但是這時候的殊勝方便是：「當于本淨上解脫」，我們不必再求次第解脫，就在本來清淨上自解脫。

所以是豁然還得本心，回歸於本然。剎那之間，現證空性，現證本來清淨，如是如是，無捨無取，無縛無脫。

不加整治自然解脫

「堅執不著次第鬆，虛幻之法不成佛，佛陀正法本離心，若不了知離心智，一切所作成有為，錯亂所作為欺騙。」

大根大器的人在本淨上解脫，在剎那之間就得到圓滿，就如同在《法華經》裡面記載龍女一悟八歲成佛。

對我們而言，雖然沒有具足整個見修行果，但是當我們剎那之間安住在無見中，此時我們整個身心跟圓滿的法界體性相合，這時候會有以下這些現象產生。

「堅執不著次第鬆」，就是說我們所有的執著，會自然次第鬆開，不去執著。

這時候，本來糾纏的心脈，糾纏的整個心、氣、脈、身、境，整個糾纏會次第自然的鬆開，在此是不整不治自解脫的，不加整治而自然鬆開的。

所以，雖然在現象上有次第，但是在法上是沒有次第的。所以這個次第鬆是法界次第，在修行過程裡面的法界整個次第。

如果是以一般次第來講，我們可能從外界、外境的統一來達到；身，是用毘盧遮那七支坐法；脈則調直身脈；氣則是氣放鬆；心則是安住正法；這是我們一般修行的過程。

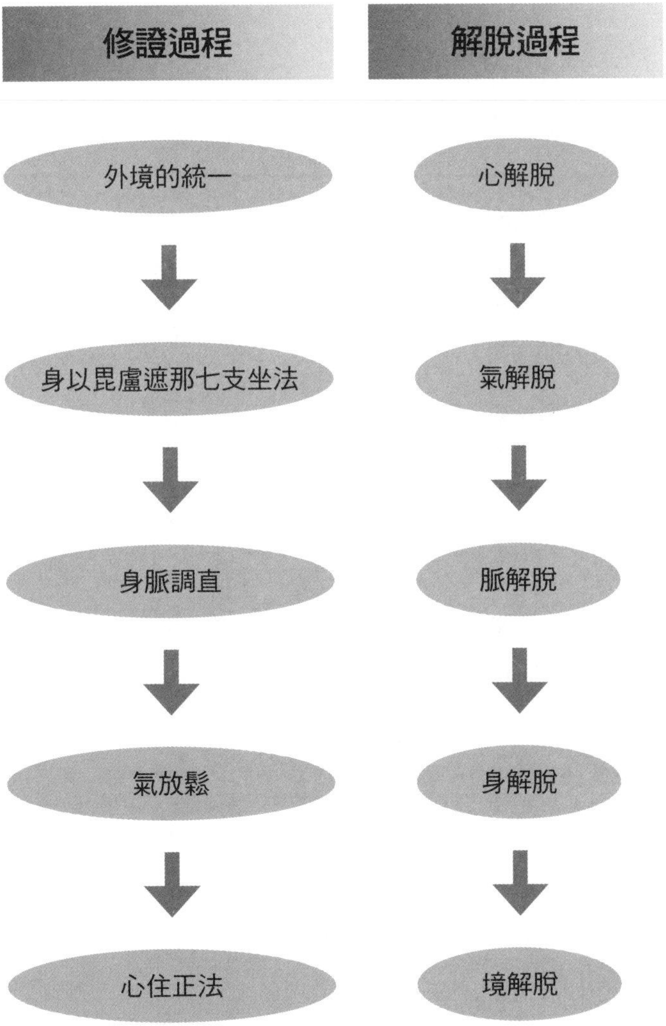

修證過程	解脫過程
外境的統一	心解脫
↓	↓
身以毘盧遮那七支坐法	氣解脫
↓	↓
身脈調直	脈解脫
↓	↓
氣放鬆	身解脫
↓	↓
心住正法	境解脫

但是在解脫的過程的話，由心的解脫，氣、脈、身解脫，達到外境的解脫，全體的解脫，從依、正二報自己的解脫，到達整個境的圓滿，自身的圓滿到境的圓滿，所以心、氣、脈、身、境都自然次第鬆開。

一般來講，像小乘只是心的鬆開而已，但是在整個大乘乃至密乘跟禪，它是整個全體鬆開，整個心與物的對立雙邊全部鬆開，所以心、氣、脈、身、境次第鬆開。

而虛幻之法是沒有辦法成佛的，因為佛陀的正法本來就離於我們的執著的心境，如果我們不能了知離心的智慧，所有的造作都將成為有為的法，這些都是錯亂所作是為欺騙。

「**當于不錯而任運，錯亂處與離心處，心作處與所作法，于彼錯亂上勵力，僅一剎那亦不成，法爾本解住本地。**」

「當于不錯而任運」，修學者一定要依持在上師的正確指示、正確的口訣上、沒有任何的錯謬的指示，來保任運作、自在地任運而行。

我們從上師處得到這種殊勝的見地，能夠自自在在地在法性中任運而行，完全無有錯謬，初善、中善、後善整個因道果上面都是完全圓滿的，在這種境界上面我們任運而行。

「錯亂處與離心處，心作處與所作法，于彼錯亂上勵力，僅一剎那亦不成」，但是，如果是在錯亂處、離心處、心著處或是所著法，我們在這種錯亂上用力修證，僅僅一剎那也無所成就。

「法爾本解住本地」，但是，這不是一剎那之間，而是這個當下本身是種全體，是一種現證的圓滿的，它是在時間上面已經是一種過去、現在、未來三世永俱的一種狀況。所以這時候是法悟心解而已，它是安住在法爾本然的智慧的解脫，所以法爾本解住本地。

在法性本體上面，自住自解脫，是智慧法爾解脫上面，這樣自證自解脫，也是脫離剎那這種短時間的狀況，而是在整個因道果上面都能夠同體圓滿的這種境界。

「凡有所作一切法，如畫工所繪畫然，雖具上妙之顏色，不常安住漸次無，如是由心所作法，惟此即名為佛陀。」

「凡有所作一切法，如畫工所繪畫然」，在世間上凡是所有一切所造作的一切法，就像宛如一個畫工所繪畫的圖一般，同樣的說法在《華嚴經》中也有出現：「譬如工畫師，分布諸彩色。」這是說明自心的造作就像一個很會畫畫的畫師一樣，它分布諸多彩色，在牆上畫出種種彩色，這世間的一切都是我們如是畫出來的。

「雖具上妙之顏色，不常安住漸次無，如是由心所作法，惟此即名為佛陀」，雖然它具有上妙的顏色，但是由於它是由心所造作，由心所造作的法，並不能夠常久的安住，在法爾上它會漸次自然消融掉。「雖具上妙之顏色，不常安住漸次無」，即如彼工畫師，能畫諸彩色，但是這些彩色雖然具足上妙的顏色但是它都是由心所造作的法，所以，它不是常性，它在自然而然中被轉掉了，它才是無常的，所以不常安住漸次無。如果能夠理解到如此，事實上污染不可得的時候，才叫作佛陀啊！如此才是解自解脫的佛陀。

現前即是佛陀

「**無疑而有希求心，雖欲解脫實自縛，通達大樂而離心，本大解脫即是佛。**」

我們雖然對於佛法沒有疑惑，但是，如果在修行的過程裡仍然具有希求的心，希求得到解脫的心，雖然想解脫，而所行卻是自我纏縛的作法，如果能夠通達大樂離心造作，遠離一切希求的造作之心，這就是本然大解脫，這個本來的你就是佛陀，你能夠現證本然大解脫就是佛陀。

所以「無修無證本來佛」，沒有任何的希求之心，不只對佛法沒有疑惑，而且用平常心來對待，現前平常心即是佛性。

「**離于事相大智慧，以心造作不成辦，無作普遍大安住，于彼無有取與**

捨，所說之垢剎那無，本來無有諸法中，離于取捨之垢穢，本來法爾大解脫。」

離於一切事相的大智慧，如果我們以心來造作，以心來運作，縱使我們具足了諸大菩薩的智慧，即使是共同推舉、共同思索，也沒有辦法來達成。

離於事相的圓滿智慧，現前的大智就是佛智，它不是任何的推演，任何的思維所成，它是由法性大海之中自然生起的法界體性之智，這智慧沒有任何造作，它普遍安住一切法性，一切的法界當中，而我們自身本然如是。

但是在本然如是裡，我們卻在其中做了很多的小動作，去分析或分割，而不能夠在我們本具的法性大海智慧中通體現前。

如果在此不能夠無作普遍大安住，也不能具足離於事相的大智慧，那麼，一定要我們心意識全體消融，讓法性本然的法界體性智慧現前生起才有辦法達到。

如果我們能夠達到無作普遍大安住的境界時，我們對一切的現象沒有取、沒有捨，能夠如是如是、現前現前，而所有一切的污垢，在剎那之間消融無蹤。

「本來無有諸法中，離于取捨之垢穢」，而在本來無有諸法中，它是離於取捨的垢穢呀！這真是眉毛拖地、老婆心切地跟我們講說這種境界。其實六祖惠能所說的「菩提本無樹，明鏡亦非台，本來無一物，何處惹塵埃」，不也是同樣的境界。「本來無有諸法中」相對應於「菩提本無樹，明鏡亦非台」，而「本來無一物，何處惹塵埃」則相對應於「離于取捨之垢穢」。

我們現證到這境界時，就能夠現證本來的法爾大解脫，所以這是智慧法爾解脫，是法爾解脫，法爾如是、如是法爾，所以諸法現前法爾的大解脫。

我們在修持的過程裡，會接觸到很多的宗派，而每個宗派的理論都能通達圓滿，像天台智者大師講「眾生本來是佛」，這個是「理即佛」，我們聽了有道理，了知我們理上是佛，而要慢慢修行才會成佛。

就客觀的教學上來講，「理即佛」很正確，但是在主觀教學、在指示修行上「理即佛」是有問題的。

理論上說本來是佛，可是要慢慢修行成佛，雖然理論上寫得妙，但在指示見性時則差矣！

應該是現前是佛，不是理則佛，因為「本來法爾大解脫」。

我們可藉由現代物理學與古典物理學不同的地方來了解這樣的差別。在牛頓的古典物理學上他把時間跟空間固定化了，客觀化了時間、空間，所以我不會因為我們心意的觀察、心意的投入，而使客觀的時間、空間產生轉變。這樣的系統，就像是現在建立一個客觀的佛法體系。

但是在現代的高等物理學裡面，我們觀察次元子世界，這次元子世界因為我們觀察意念的加入而使它的原子變化，所以跳出我們要觀察的樣子給我們看。

所以我們要了知，你不是你，也就是說當你跟自己的一個老師在一起時，你已經不是你了。所以它變成不再是種次第性一段一段客觀的修證體系了，它是一種交互主觀的體系。

所以說：「你是佛。」這種是灌頂，是無相大灌頂。如果我們自己生起疑問說：「是這樣嗎？不是吧！」如此就變成有相不灌頂了。但是，如果我們是心安住，在一剎那切斷了種種輪迴之流，剎那之間就是了。

大圓滿教授《大圓滿最勝心中心引導略要》中提到「善巧離於諸事業，通達法爾之義理，於彼所求不迷謬，是為密宗上師相」，能夠善巧離開一切，就是不執著一切事業，善巧離於諸事業，通達法爾之義理，這法爾不是義理，是法爾本然之義呀！不是一種思維之義，法爾就本然之義，所以通達法爾之義，於眾生所求不迷謬，這是密乘上師相。

大圓滿上師具足的四相

真正具德密乘的上師的資格，如果以大手印跟大圓滿及禪宗而言，一定要具足初地菩薩以上的境界，普通者也至少應如上偈頌所說。

而大圓滿上師特別還要具足四相，這是大圓滿教授裡面要具足的四相：「初於教授修持善巧如耕夫」。對於這個教授你要自己修持善巧，好像耕田的農夫一樣。

「中於護持覺受善巧如牧人」，善持這個覺受善巧像牧人一樣。

「後轉過為功德善巧如染匠」，後來能轉過錯為功德好像如染匠。

再來「除初中後障礙善巧如曾入海之領江者」，這是徹底圓證的人，能夠除初中後障礙善巧就像曾經入海的領江的人一樣，這四個都能夠具足，才是圓滿的上師。所以上師像耕夫他自己也修持過了；他有覺受了，像牧人一樣；他到最後不只有覺受，而且能轉過為功德，像染匠一樣；到最後的話他所有的東西初中後全部障礙善巧都了解了，夠具足解脫知見，所以說如曾入海的領江的人、領航員，就是如此。都具足這些功德才是好上師呀！講到末了佛陀才是好上師。

教授大圓滿上師具足四相

1.初於教授修持善巧如耕夫

2.中於護持覺受善巧如牧人

3.後轉過為功德善巧如染匠

4.除初中後障礙善巧如曾入海之領江者

無所制約的法身

「智慧任運即法身，任運圓滿諸功德，智慧法界即是佛，如是了別大智慧，平等性智解脫中，離心所作之諸法，無事普遍大圓滿，法爾空中得決定。」

這是說明法身在整個法界當中，其本相沒有任何的限制，也沒有任何的制約。

為什麼眾生會在輪迴之中而無法解脫，基本上是來自一種相對性的受制約。

對於進入圓滿智慧的人而言，他已經於一切的相對立的概念中得到解脫，就是說沒有任何的限制、完全自生自顯自由，這種境界即是法身。

法身絕對不是透過一種相對性的義理，來幫我們把一個一個繫縛解決，而是從整個法爾智慧當中，自然任運而顯現，它不是新得的法身。要了知不是新得，也不是舊得，因為法身不是在時間中的東西；它不在內，不在外，也不在中間，因為它不是屬於空間之事。

法身不是時間中的事，也不是空間的事，所以它不是新得也不是舊得。當然在我們人間的運作體系裡面，我們修行時，如果修到果地的時候，能夠得到一個法身、成就佛果，當然這是相對於我們在修行位的人講的話；可是就究竟的第一義諦來講，這個也是黃葉止啼，給我們一顆糖果罷了。

如同馬祖大師當初他講「即心即佛」，後來又講「非心非佛」，有禪師問「即心即佛」與「非心非佛」到底有什麼差異呢？「即心即佛」當然對因地的我們而言，從因地上指示我們來修持成就，而「非心非佛」其實才是究竟實義。

所以，禪師跟你講：你能修證能成佛，只不過是給孩童的一個糖果、一個禮物；就究竟實義上來講，真正的佛身，他不在過去、不在現在、也不在未來，真正的成就，在佛不增、在眾生不滅。

所以一切種種只是在大幻化遊戲裡，了知自己的錯誤。所以，以無所得故而得阿耨多羅三藐三菩提，我們無少法可得，在這裡我們要親切的體會。

當然就一般的眾生而言，一般必須「先以欲勾牽，後令入佛智。」必須先跟他們講有佛可成，有煩惱可對治，從虛幻的法當中，慢慢地他純熟了，才能夠進入究竟的勝義。

但是，從果位上迴觀來看，一切無障礙，本來無障礙，本來自解脫，本來就是法爾智慧的大圓滿，這就是法身。

法身不是過去得，也不是現在得，也不是未來得，而是本然如是。如果有所得的話，就是錯誤，然而說法身無有，亦是錯誤，法身非有亦非無，為什麼要特別說明？因為我們所有的觀念，對有、無的概念，都是雙邊對立的概念，對於究竟的實義來講根本是錯覺。

如果我們能夠如此體解，才能真正進入微妙境界，才真正進入智慧境界，才真正進入諸佛之心，才可以說進到佛的門檻。

智慧任運是在我們沒有任何的障礙、沒有任何的繫縛，而法爾智慧任運而顯現，這樣就是法身自身。這「任運」是很恰當的，能夠圓滿一切的功德，所以這就是「菩提自性，本來清淨，但用此心，直了成佛」。整個智慧任運的法身，它任適圓滿諸功德，產生一切的淨業，由這淨業產生自受用的大樂，由這自受用的大樂來產生大悲幻化身。

所以在法身來講，我們說它是明空不二，光明與空性是不二的，才是法身；執著光明而沒有空性的話，這個是進入色界所形成的境界，如空只有空而不現起光明的話，這是小乘的偏空三昧，所以只有在明空不二的境界中，才能彰顯整個智慧任運、完全自在圓滿的法身。而空樂不二是代表自受用大樂的報身，如果只有樂，而無空性的話，那麼就是著於欲界；而無樂之空，則是一種頑空，是一種槁木死灰。

從圓滿的自受用報身裡示現給初地以上的菩薩，這個就是他受用報身，這是屬於佛陀的眷屬所顯現的自受用大樂。

從自受用大樂的報身，由於他過去的無限的悲願，悲願所生起、所顯現，而相應於一切眾生的種種因緣，如同千江有水千江月一般的因緣示現，這就是所謂的幻化身。

這化身，基本上是空悲不二。著於悲則入於悲魔；不以空性來化解，又會耽於大我慢；有悲無空，那麼整個眾生生命枯槁，而對一切眾生他想幫助他們但是而無自在的化解的智慧力量，所以，法身、報身、化身三身同時具足稱為法界體性身，這法界體性身並非別立於三身之外另有一身叫法界體性，而是同時圓滿具足的法界體性。

「菩提自性，本自清淨，但用此心，直了成佛」，就一般的修證法而言，它是先起一種指示，讓你解析，了解到自身的法性的空寂，而從這個空寂所了知的法身裡面，慢慢指導著你的修證。

但是，在大圓滿法裡面它並非如是，它是見、修、行、果同時具足，所以是法、報、化三身它要同時具足，在這觀點裡，在現證中它是同時顯現的；但是在事相上，它會有次第性的解脫。

但是，它跟其它修證法的不同是因為其他修證法裡面，不只是觀念上，不只是整個事相上面要次第解脫，連觀念上面，也是安置一種次第上的一種修證方式。

但是在大圓滿法裡，在觀念上，在見地上，它已經全部切除這方面的了解意識，而是一種全然的見證。

智慧法界即是佛陀

「智慧任運即法身，任運圓滿諸功德，智慧法界即是佛」，它是安住於如是，一切功德的圓滿，智慧法界即是佛陀，智慧任運即法身，是整個法身的現起，智慧任運沒有任何的限制，而「智慧法界即是佛」是整個圓滿成證，整個法界之心、法界之身，法界之精同體的圓滿佛陀，所以是三身圓具的佛陀，所以它變成智慧法界就在這裡，法界的意義是更廣大。

「法界之精」是什麼意思？這要看根器，就龍樹論而言，基本上分三種根器：一種根器是普通根器，譬如釋迦牟尼佛，他經由三大阿僧祇劫成佛；另一種是鈍根，鈍根是修行的過程中，前前後後、進進退退，結果不知道什麼時候成佛。第三種根器是利根，利根的人不僅智慧上利根而已，是有具足大福德者，他本身的煩惱習氣已經很淡薄了，而且具足大福德，所以一聞法直超八地，一般的說法是直超八地的人是有的，是利根的人，但是沒有說馬上成佛的；但以密宗來解，認為還是有可能的。

《華嚴經》中說：「初發心即成等正覺」，這又如何解釋呢？這個不一樣，初發心即成等正覺，就像「智慧任運即法身，任運圓滿諸功德，智慧法界即是佛」，也就是說像在《六祖壇經》裡面講：「菩提自性，本來清淨」，你確定的認識菩提自性，本來清淨這種見地，這種見地一旦建立，會發覺到沒有眾生、佛陀二者的對立，所以凡夫見消失了，也不會對佛陀產生一種超越的崇拜，因為本然如是。

所以在「見」上沒有眾生與佛陀二者相對立的凡夫見，在「修」上，安住在如是的見地中，何用修行呢！所以修也在菩提自性本然清淨裡，「行」就是菩提自性本來清淨，就是如此，「果」也是「菩提自性本來清淨。」

但是如果在過程中說：「但用此心，直了成佛。」就是我根本是安住在本來清淨，就是如此。就像本文後面提到「**故當安住無事體，無事體中鬆緩住，自然顯現大樂王，無顯而了一切義**」，他是如是而來的。

在大圓滿的境界裡，在最究竟的體性上來講這些話語，如果因緣具足夠的話，看到這樣的話語，就成佛了，如果沒有，是根器的問題；然而大部份人的問題是在見地上沒有辦法打破，所以要在修證上來解決。因此就有修前行、加行的方便，如果前行、加行都沒辦法，就要作四加行，也就是先禮拜大圓滿法。這也是不得已的。

如果說大圓滿是一種修證的方法，有些人可能一開始馬上就能夠掌握到，見地已經全然的能夠當下體會，但是他會變成需要任適圓滿諸功德，他必須在無事體中鬆緩住，慢慢的自然顯現大樂王。

但是在相上面來說，我們發起無上菩提心，而且了解大圓滿之後，但是我們仍然無法馬上現證成佛，這樣子與一般的次第上修法有何不同？

這最主要是在見地上面的功夫，在大圓滿裡沒有見、修、行、果，所以是具足大圓滿見，但是無法現證；然而一般人是在事相上也是這樣子修，但是在見地上面他是認為應該這樣子修，而大圓滿並不是如此。

理論上，在整個大圓滿的究竟圓滿相上面，如果你有這種見地本身，是見、修、行、果同時具足的，所以，這種見地現起時，就是現證虹光身了，這最圓滿的；如果沒法如此，具足了這種見地，也不知道是否能完全地安住，但是，如果你具足這種見地當下就是了，已經是無事了，無可修了。

「智慧任運即法身，任適圓滿諸功德，智慧法界即是佛」，這三句話其實是有次第性的，「智慧任運」跟「智慧法界」還是有他的次第性，這個就如同岡波巴大師在「教言廣集」中所說的，這本書是一些修行的問答，雖然是講大手印，但是可做參證，書中有問題說：「觀體性和修氣功，觀體性是大手印，觀法性是自身！二者之中何者能清淨業氣比較容易？」他回答說：「修體性。」就是指修大手印的體性。

所以在修氣功道的過程，氣功所成就的氣是不如由定功所成的。修禪有沒有修氣功？禪是沒有修氣功的，但是禪定的這種禪功本身是比氣功更細微而且力量更大的。

所以清淨業氣是直接修大手印、直接以智慧轉換可以比較快速成就，如果真的要修氣功道，真正最殊勝的氣功道就是智慧，智慧真能成就的話，就能夠化成虹光；修氣功道修到最後的話就是化成虹光，所以我們是從果位直接下手。

所謂已能證入體性流水相續三昧，體性流水相續三昧就是流水三摩地，流水三摩地是法界體性三摩地，最究竟最圓滿的無間流水三摩地是等覺菩薩的三摩地。

有人會懷疑是否還有任何方便能夠使三昧增長，其實真正現證大圓滿的時候，見、修、行、果同時圓滿的時候是沒有任何東西要保任的。大手印的果就是大圓滿的見，大手印的過程是道，整個中觀的智慧是因，大手印的圓滿的無修境界就是大圓滿，是真正進入大圓滿的正行。

事實上很多的「且卻」跟「妥噶」的修行本身，從究竟的大圓滿的果地來看的話，它根本還是加行！

其實真正大圓滿見地是見、修、行、果統統成就應該是：你是佛！這個才是大圓滿的正行，但是現在都把親近加行、極近加行也當作是大圓滿。

就如同禪宗說：「什麼是禪？」真正的禪是：「佛之一字我不喜聞。」但是就如同黃檗所講的：十地菩薩都不懂得的。

但為什麼在禪宗還有五階三宗、或是三關、或是五位君臣頌，這些都是幻化的遊戲，也就是加行而已。真正殊勝是什麼？「你是佛！」

理論上應該是這樣子，但是在世間的行道上面，我們總是會加加減減，摻了一點水。所以我們對自己要清楚、要了解。

一切世間的顯相就是智慧

「如是了別大智慧，平等性智解脫中，離心所作之諸法」，如是了別大智慧是用來破斥大家在修證上錯誤的觀點，因為很多的修行人常常以為不分別之後，就沒辦法分別，殊不知不分別的智慧是可以清清晰晰、明明白白的來了知。

就像我們看到眼前有一個，我們並不須要分別他穿什麼樣的衣服，才能看到他穿的是什麼衣服。

又譬如一個嬰兒，當他眼睛剛張開時，他對周遭的事情分辨不清晰，因為他整個的神經系統還沒完全的建立，但是他能看，他有看的體性，這就好像「根本智」，他有根本智而尚未具足「道種智」，就像他不能分辨這個叫杯子，這是什麼顏色，但是他經過慢慢的學習，慢慢學習將道種智匯到根本智裡，否則道種智是道種智、根本智是根本智。這樣的結果就像是杯子都能看，而無法看到父親，這就慘了。

到最後圓滿的時候，眼睛睜開，清清楚楚明明白白，人家問他的，他都能回答，但是他無須執著他所要看東西，就能看到這個東西，這就是大圓滿的境界。

但反過來看，一般眾生以為須要分別東西之後，才能夠分辨這個東西，以為我們須要知道它是紅色的，我們才能看到它是紅色的，這是錯誤的想法；要了解，我們看到它是紅色，只是因為紅色是被規定的，而說眾生是這樣認為。

我們能看到一切，能夠分別一切，但是我們為什麼要分別呢？我們可以分別，也可以不分別！如果有人問我，我可以分別給他聽，但是我並不須要分別這個，並不須要執著這個體性、分別這個體性之後，才去分別給人家聽，而是我本來就可以分別，所以是在無執之中能夠分別，這是大圓滿的體性。

所以大家要了解，自己本身是具有這種力量，並不需要相信自己能看之後眼睛睜開才能看，千萬不要以為：我要相信自己能看以後，眼睛張開才能看。就是不必分別，而是本來體性如是！

千萬不要以為：佛是沒有辦法分別這個事相的。佛是可以清清楚楚的了別這個事相，而且他的智慧不離空，所以是一切智智，一切智智是能夠了別一切智慧而體性是空，而這種了別本身只是如是、如是……，而一一了別的當下本身即是空，這才是佛智。所以應該如此體解「如是了別大智慧」。

「平等性智解脫中」，對我們一般眾生而言，由於我們有種種的根器，有眼、耳、鼻、舌、身、意的種種分別，想一下眼、耳、鼻、舌、身、意的分別是否須要呢？也不見得須要，只是我們現在的緣起，剛好分成眼、耳、鼻、舌、身、意。

請問光與聲音有什麼兩樣呢？其實光與聲音這只是頻率而已，光可以有聲音的，光與聲音是種頻率系統，只因為人類將眼睛分成眼睛，或是耳朵分成耳朵，只是因為我們剛好在法界裡面，我們這一群人在無明開始的時候，我們就玩出這一套遊戲，定下這一套規則，有男、女的分別，人類用眼睛看東西，視力不好就戴上眼鏡；然而，像蝙蝠是不需要用眼睛看東西的，因為它不需要；或許以人類的觀點會認為蝙蝠是瞎子，覺得它很可憐。

人類用眼睛看東西，用耳朵聽聲音其實不見得一定是如此的，像深海中的魚類，長期在黑暗之中，所以它們不見得需要眼睛。以人類的觀點看，沒有光如何看東西呢？像在無色界的眾生是沒有眼睛的，他們是靠意識來活動的。

這是相對性的差異，我們以眼、耳、鼻、舌、身、意造成這個世界，而我們也是藉由眼、耳、鼻、舌、身、意來修行，將它們昇華，轉五識成五智。但要了知，在我們這世界講五智成佛，在其他的世界不一定要講成就五智，這個體性在這個世界顯現五智，如果我們要回歸到法性自身，事實上是我們整個生命進化史的還歸過程，是解決整個生命在進化過程裡黏滯的無明，而回歸本然，再重新出發。

我們在生命進化裡面所有的限制、所有的障礙，透過回歸本然的歷程，完全解脫。

但是這種解脫就小乘行者而言，他回到根本，就不再迴入這個世界；但是就一位大乘菩薩道的行者而言，他解脫迴入世間時，他運用世間所顯現的因緣，將之轉成智慧，就是以世間緣起的諸相皆是智慧的還歸的歷程，所以，一切世間的顯相，就是智慧。

五智成佛的整個理論體系，是相應於人間的緣起相所推論而來的，其實五智或五百智或五千智或是一智，其實都是一樣的，都是一切智智的意思。

「一切智智」不是完全了解一切的知識，完全的知識存在不存在，對於佛陀而言，他是了知一切的事情，但是這個世間沒有的事情，他為什麼要了知呢？但是你不能說他不知道這個世間所沒有的事情，或是這個法界剛好沒有這種緣起的事情，你不能說他不知道，因為這個事情一現起，他會了知的，但是剛好沒有這個事情，他當然也沒必要了知了。

所以不要去企求一種所謂完全知識，佛陀的智慧是能夠解決當下，「當下」是什麼意思？可能是過去、現在、未來三世，是當下，而「十方」可能是一個芥子，可能是一個法界，他在這裡，他的智慧是完全的自在，而不是他有一套特別的東西能夠對應這個世界。

這些說明是希望大家不要執著在五智裡，但是我們一定要從五智來談，因為五智是一種統攝方法，把我們的所有的身心的障礙，轉成智慧，而我們所沒有的執著，我們也不須要轉換，所以我們也沒有理由去替二千五百年前的印度人煩惱，我們不須要去擔心如何飼養恐龍的問題，因為這些跟我們無關。

相應人間緣起的五智五佛

方位	佛	部	智
北	不空成就佛	羯摩部	成所作智
西	阿彌陀佛	蓮花部	妙觀察智
中	毘盧遮那佛	佛部	法界體性智
東	阿閦佛	金剛部	大圓鏡智
南	寶生佛	寶部	平等性智

同樣的，二千五百年前印度人不必擔心如何發射太空梭，這是同樣的問題。

我們講五方、五智、五如來，是落在緣起相來談的，這是相應於我們整個生命運作過程裡面，意識中的產物；所以用這種意識的產物來打破我們意識自身，藥病相醫，結果整個藥跟病都沒有了，這時智慧才會顯現。

五智中的平等性智，在整個分析人類體性中的探討，是屬於染污的意識第七意識所轉換的平等性智，而為什麼平等性智可以獨立出來，不必相對於染污意識，這相對立的二者是因應於我們無明我執的系統，有人、我相對立的執著，而將染污識對應於平等智。

其實平等智本來是法界體性當中的東西，平等性智是我們第七意識，大圓鏡智是第八意識，第六意識是妙觀察智，將第六意識轉成妙觀察智，而前五識轉成成所作智。

如果五智同時俱足的話就是法界體性智，而五智轉成五方佛，這也是因為我們都喜歡變成五方，或將之相應於地、水、火、風、空。而將五方佛配屬於五智與五大；那麼中央法界體性智是屬於佛部的毘盧遮那佛，西方是妙觀察智，是屬於第六意識，配屬蓮花部的阿彌陀佛；東方是金剛部的阿閦佛，他轉的是第八意識為大圓鏡智；北方不空成就佛，屬於羯摩部，也是事業部，轉前五識為成所作智；那南方寶生佛屬於寶生部，轉染污識為平等性智。

「平等性智解脫中」，從法界本身去看它，它本來如是平等的，法性本身是平等，而我們的執著本身只是一種錯覺。

「離心所作之諸法」離開我們的心意識所作的一切諸法，它是在無事普遍大圓滿中，所以是：無事、無修。或許此時我們會懷疑：如果是現在修證，那以前是否有修證？它不是新修，所以沒有修證。

「無事」是指這些相本身的體性都是空的，所以是無事。

因此現象本身是存在的，但是現象本身是不必要執著的，它是無事，普遍的一切法界，一切的現前都是無事，是「無事普遍大圓滿」。

「法爾空中得決定」，當我們智慧任運，大圓滿心在法爾空中得到決定，所以法爾智慧解脫，而這決定是永決定，是當下的決定，也是三世的決定，不變且不壞。

佛陀與眾生是平等無二的

「世出世相自解中，佛陀與彼有情眾，法爾義中皆無實，凡所顯現越心境，一切平等大位中，彼彼各種心作法，不知此義各別執，由作取捨心錯亂。」在無事普遍大圓滿，在法爾空中得到決定，一切世出世相都是自然解脫、自生解脫，不必造作得到解脫，而本然解脫。

所以不造作即是解脫，不分別即是解脫，不執著即是解脫，本來就沒有纏縛即是解脫。在此我們要了解，佛陀與一切的眾生是平等無二的，所以是平等性智，是佛陀與眾生都一樣的，所以佛陀與彼有情眾絕對平等，在法爾義中皆是無實。

為什麼都是空性？如果說佛陀不是空性，有情不是空性，那麼二者自然有差別了，可是他們都無實的，所以在法爾義中都是無實，因此佛陀與眾生得到平等；如果我們生起了眾生與佛陀的差別相，這又落於輪迴，要了知一切都是空寂。

在這樣的狀況裡面，一切的顯現其實都超越心所意識的境界，這心意識的境界，一切都是在平等大位，平等大位即是究竟金剛持位，即是法身普賢位，即是無位。

但是一般眾生在此無法了解，所以「彼彼各種心作法，不知此義各別執」，這些人種種心意識所造作的法，不了知平等大位、法爾決定的大義，所以都分別去執著，由於心的造作、取捨分別的緣故，造成心的錯亂，所以說「不知此義各別執，由作取捨心錯亂」。

「欲知無事智慧義，所取所捨亦無有，一切本來解脫中，心解脫因亦無有」，要了知無事的智慧義，無事的智慧就是事事無礙的智慧。

如果本來無事，心沒有執著，也就不需要去了知無事的智慧，不必再多一事；就像本來清涼的話，就不需要去開冷氣一樣。

我們本來就是如是了，但是我們還是沒辦法，心裡一定要有造作，但是現在要了知無事的智慧之義，要如何了解呢？就是「所取所捨亦無事」，這句話又回來了！前面說「由作取捨心錯亂」，一切眾生好像由作取捨心錯亂，如果這樣子，就不是生佛平等。再倒回去看「佛陀與彼有情眾，法爾義中皆無實」，怎麼還是會有作取捨心出來，這個由作取捨心錯亂的眾生，事實是所取所捨亦無事，所有造作也不會傷害到法，都是自性本身呀！所有的造作也不會傷害到空性，也不會傷害到平等性智，也不會傷害到佛智慧。所以將取捨、造作的心丟掉的話，就是圓滿佛；但是不丟掉，還是圓滿佛。「由作取捨心錯亂」與「所取所捨亦無事」，兩句要對著看，這「所取所捨亦無事」，這句話很切要也很有力，但還是要注意不要去亂取捨。

可是再怎麼取捨，再怎麼造作，「一切本來解脫中」，再怎麼傷害也傷害不了虛空一根寒毛！再怎麼去造作也取代不了空性的智慧！再怎麼輪迴，也沒有辦法污染我們自性的佛陀。所以一切現前本然都在解脫中，所有的因道果都是無有的，所以見修行果也是無有，解脫之因也無有，因為沒有解脫之果哪會有解脫之因。所以「心解脫因亦無有」這句話就太好了，這是因果一如，非因緣性而得，所以由緣入者，不是家珍呀！從這因緣得到的話，不是你本來的寶藏呀！

希望能夠得到「心解脫因亦無有」現證的機會，如此才能夠抛掉我們的法執，如此我們的自心中會產生殊勝的覺受。

「**故當安住無事體，無事體中鬆緩住，自然顯現大樂王，無顯而了一切義**」。接著我們要了解一切無事智慧明解所取所捨亦無事，在這種狀況裡面，我們知道一切本來解脫中，而心解脫因亦無有，所以在當下裡自然自住在無事體當中。

而在無事體當中，心自然自生自顯自解，鬆緩自住，所以一切大樂、空樂不二的大樂王自然顯現。

而這自然顯現是當下如是，所謂自生自顯不是說現在顯，它是本然如是，在這種狀況裡面無顯，無顯就是自生自顯，一切對立在這邊已得到解決，無顯而了一切義，無修無證大智慧，無修無證本來佛。

一切都是無相離心

「**本無見因諸法中，所見之相自解脫，無相離心赤裸體，能所思邊皆離開**」，本來並沒有所謂的見因，所有的見、修、行、果都是虛妄造作，見之因沒有了，所以它不是從因緣而來的「見」，也不是從「見」而來的因緣，是當下一合相，當下如是如是、法性法性、現前現前、無二無二，所以本無見因的諸法當中，一切諸法都是本無見因，不要生起分別心，只有你現在看到的才是本無見因，生生滅滅一切諸法都是離於生滅，種種的現象，種種認識分別諸境也是本無見因諸法，於本無見因諸法就是法界現前一切諸法。

所以，所見之相自然解脫，因為所見之相自解脫，所以任何執著都不能成立，任何的纏縛根本不可能成立，法性本然如是，根本你沒有辦法離去，而離去或不離去也都是虛妄，而有所證也是虛妄，有解脫也是虛妄，有纏縛也是虛妄。

「所見之相自解脫」，「自」是當下、當體、如是、本然、現證、現前，而一切的現證也是虛妄！無相離心，本然無相離心，一切無相離心，一切現前諸法無相離心，法界現前無相離心，一切一切都是無相離心，所有的地獄諸種無相離心，殺佛殺祖無相離心，成佛作祖亦是無相離心，一切現前無相離心，無相離心赤裸本體，赤裸法性自然現前，自然現前赤裸法性，法性空寂一切現證成佛。

所以「無相離心赤裸體，能所思邊皆離開」，本無所有如何離開，所以是現見本無所有，自然是發覺到第二月，白天看見空中的星星，龜毛兔角、水中之月，這一切能離所離，能見所見，全部都是體性空寂，所以能所思邊皆離開。「皆離開」，不要以為是從這邊離開到那邊，是無所從來無所從去，「離開」只是一種指示，一種破解心之執著的指示，從橫從豎不斷的破執著，這就是我們心病的藥，這個藥是讓我們不要執著，藥病相醫就不再有藥了！

離於一切，現前如是

「無有名相不安立，安住廣大普遍中，此即諸佛之密意，本來清淨離戲中，無有高低之諸見，亦無能修與所修，離一切事之心者，即大圓滿之真諦」，沒有任何的名相也不安住在任何的處所，離於一切名相。

「名相」是什麼？名相只是名相，所以說無有名相，文殊就是文殊，並不是文殊之外另有一個文殊，所以文殊是離於一切名相，所以名為文殊，這就是《金剛經》中的「所謂文殊，即非文殊，是文殊」。

思維一下，自己何所立？立在何處？無所立的話有沒有安立亦離於安立，所以是離於立與不立，現證本然，如是無住，如是生心，如是現前成就，如是成佛。

「無有名相不安立」，離於一切名相，離於一切安立，如是如是普遍法界平等中，平等性智自圓滿，一切現前皆成佛，所以無有名相不安立，才能安住在廣大普遍中。

何謂安住廣大普遍中？無有安住的緣故，所以普遍安住，假若有安住，絕對不是普遍性了！這才是諸佛最深的祕密心意，最深最究竟的密意！最深最究竟的智慧，是本來清淨離開一切戲論，它是現前如是，沒有高沒有低的一切現前的境界呀！所以為什麼在最究竟的時候，偉大的佛、菩薩常常會反落一個最底層，會在五毒中深修，這裡面有其最殊勝的密意。

我們在修學佛法過程中，初學時都說當修人天之善、五戒、十善，從五戒十善中當行三皈五戒，然後慢慢的修行，修到聲聞、緣覺，由發心慢慢的成就，繼續修行菩薩乘，一個次第、一個次第，慢慢的薰修、慢慢的昇華，修到最後發覺：真諦、俗諦的對立本身就是戲論。

所以當我們有這種善惡執著的見解時，尤其修到最究竟的第八地時，它會變成我們無法繼續前進的障礙，所以經中就有這樣的記載說，文殊菩薩要舉劍要殺佛，結果佛陀跟他說：「諦觀法王法，法王法如是！」

有人問文殊菩薩：「什麼是菩提的究竟？什麼是究竟現前的法啊？什麼是最深奧法啊？」他說：「你文殊菩薩你到底是誰？」

文殊菩薩說：「我是殺佛者，我是五逆重罪者，我是邪見者，我是一個外道。」

為什麼事情會如此演變呢？我們在修證的過程裡面，雖然慢慢一步一步的進階，但是如果我們落入戲論的相對待當中，文殊菩薩這時候就以他的金剛寶劍，破除我們的這個相對立的見解。所以在此我們要了解，本來清淨離戲，一切眾生作惡不可得啊！

所以一切高低的見解是戲論，是無有高低的諸見，而且也沒有能修之法與所修之法，能所對立全部消失，一切現前都是無盡緣起，能修所修即是現前無修，這一切都要遠離。離開這一切事的究竟心要者，即是大圓滿的究竟智慧真諦，這大圓滿法的現證。

普遍圓滿成佛

「法身普遍之智中，誰證誰見誰分別，本自解脫密意顯，平等大圓滿智中，誰飲誰食誰嘗試，世出世解密意顯，大圓滿之離事果，如彼境行及彼果。」

「法身普遍之智中，誰證誰見誰分別」，法身普遍的智慧當中，普遍的智慧即是沒有差別，平等平等、如是如是的大智當中，無所從來無所從去的大智當中，無生無滅、不一不異的大智慧中，到底誰去證得、誰見到、誰來分別？

普遍就沒有對待，如何會有誰證的問題呢？所以無證者、無見者、無作者、無受者、無學者、無分別者，這樣才是平等大智的解脫性。一切現前的成佛保證，沒有成佛者，也沒有眾生，才能夠普遍圓滿成佛啊！

「本自解脫密意顯」，本然自解脫的殊勝密意，從本自解脫，才能夠顯現出整個諸佛的最殊勝密意，只有我們的所有心意識停止，在法性大證中赤裸裸顯現，這諸佛的密意就這樣赤裸顯現。

「平等大圓滿智中，誰飲誰食誰嘗試」，在平等大圓滿的智慧當中，誰去飲？誰去喝這個東西？誰來吃這個東西？誰來嚐這個東西？在一切的生活現前裡，沒有主體，哪有誰飲、誰食、誰嘗試呢？

「世出世解密意顯，大圓滿之離事果，如彼境行及彼果」，我們能夠完全從世出世間的一切自解脫當中，密意自然生起，一切諸佛的密意就這樣赤裸明白的顯現，大圓滿法的離一切事相之果，離一切相對立的果，宛如這樣子的境行的果。

「各各造作與執著，離事之體被蓋覆，智慧密義中了知，無事圓滿本性義，離事智慧密義中，無有境行無有果，無見無修亦無行，即是果位之佛陀。」大圓滿法的離事之果，宛如這樣子的境行與這樣子的果報，在一般眾生執著整個見、修、行、果，執著整個所行與果報當中，從各各造作，各自的心意造作與執著當中，這個離事的法界本體被覆蓋住了，但是只有在智慧大圓滿智慧的密義當中才能了知，無事圓滿、本來無事，一切現前圓滿本性之義。

離開一切事相智慧的密義當中，其實是沒有任何的境行也沒有任何的果報，所有的因道果都無有的，也沒有見，沒有修，沒有行，這才是真正的果位的佛陀啊！

就修行意義來講，從因、道、果來講的話，它是有區別的；但是就果位來講，是沒有區別的。

所以就法界體性而言，一切現前皆空，是空性，但是空性的運作即是大悲，所以緣起即大悲，法性即現空，這兩個沒有差別，一個是體，一個是用；但是這體跟用，跟一般的體用不同，我們把東西分成體用這種抽象概念，其實這也不存在。

試想：「釋迦牟尼佛在度眾生時，是否會想他具有大悲心？」他展現出來的應該是一個大悲心、大悲用、大悲相，所以我們推論他應有大悲心，但是他不會自覺有大悲心，不自覺有大悲相，也不自覺有大悲用，因為大悲心本來是空的。

我們觀察一下佛陀，佛陀的大慈大悲不就是大智大慧，就佛陀而言，我們所說的大慈大悲就是大智大慧，佛陀的大慈大悲是無緣大慈、無緣大悲，無緣即是空性，所以大慈大悲是空性的大悲、空性的大慈，無緣是如是見一切眾生，三世推衍去尋求一個眾生不可得，而生起大悲。

所以大慈大悲是圓滿智慧中之大慈大悲，大智大慧是圓滿大悲中之大智大慧，佛陀的大慈大悲是無緣的，無緣就是智慧，就是空性。

佛陀的大智大慧是了一切眾生，度一切眾生成就，是開示悟入佛之知見，是成就一切眾生現前成佛，而發獅子吼大智無畏。這代表著無限的動力、無限的力量、無限的推動，這是無限的願力、無限的悲力，因此大慈大悲與大智大慧都是一體的，是悲智圓滿所顯現的，這兩者是無法分別。

每一位佛陀有他殊勝的願力，他們有共同的誓願也有個別的別願，各個不同的顯現，就牽涉到每位佛陀的因地，而顯現出不同的特性，就像每個人的個性不同，以貪、瞋、癡三毒來說，有些人比較偏貪，有些人比較偏瞋，有些人比較偏於癡；所以相對應於修行，有些人由信願入手、由悲心入手、由智慧入手，修持到最後成佛時，不管是偏向何種特性，終將一樣具足圓滿。

但是就因地而言，希望從悲心入手的人，就修大慈大悲，修持的像佛陀一樣圓滿的大慈大悲，但是大慈大悲本身只有諸佛具足，菩薩眾只能說是假名大慈大悲，他並沒有圓滿具足大智大慧，因為真正大慈大悲是有力的，而且不黏滯的。

就眾生的立場來看大菩薩眾、等覺菩薩或是佛陀整個過去世的修道過程中，他們所顯現的圓滿悲行。

我們從外相去揣摩他們的內心，我們學習揣摩佛菩薩的內心，會發覺到我們也具有這樣的種子，但是我們卻一直將之藏覆，其實如果就大圓滿來講，這個東西一拉開，我們就具足諸佛的大慈大悲了。

我們如果沒有辦法達成，只是有感受，那麼，慢慢去讓它長養；長養大慈大悲的最重要根本，就是不傷害，絕對不能傷害我們的惻隱之心，要感同身受，這個才是最最根本的。

或許有人問說如何長養大悲？其實大圓滿沒有長養義！就一個因地修行者而言，有長養義，但是在大圓滿裡沒有長養義，大圓滿只有大慈大悲，而大慈大悲不是長養的。

修學大圓滿法就沒有長養的問題，因為它的見、修、行、果都是無，所以是當下顯現，在大慈大悲裡，空越大悲越大，同時悲越大，空也越大，這是大手印中一味的境界，在大圓滿法裡則要體會「空越大悲越大」，否則還沒進入大圓滿的正行。

在大圓滿中沒有長養義，只有大慈大悲，如果沒辦法，還是稍微長養一下。

「空愈大悲愈大」是有證量的話，一般人修得空愈大，而其悲心並沒有隨之增長，此時修學大悲如幻三昧，能將空與悲連起來。

如幻大悲是當下的，是當下如是，離於對立，「無相離心赤裸體，能所思邊皆離開」，能夠不知道自己的大慈大悲更好，所以是「無有名相不安立，安住廣大普遍中」。

遠離無明的錯誤

「智慧密義中了知，無事圓滿本性義，離事智慧密義中，無有境行無有果，無見無修亦無行，即是果位之佛陀」，沒有主體跟客體的對待，也沒有外在運作的對待，也沒有內在運作的對待，沒有見、修、行、果，離開這一切，才是圓滿的果位佛陀，也就是說無有少法可得，才是全體湧現。

我們必須離開過去整個意識上思索的錯謬，由於無始以來，整個意識無明的錯謬，從一個沒有對立、全體如是如是的中間分出對立，在這個對立裡，產生整個迷夢，結果將自我與對象的對立都建立了。

所以，我們以為成佛就是得到一個佛，得到另外一個東西，我們經由戒、定、慧，經由見、修、行、果等等的不斷的修持，希望達到圓滿的果位；殊不知，這些先期的教授，只是讓我們將以前的陳習不斷地把它磨掉，修到最後我們必須把所修證的一切結果，所得到的殊勝境界，全部拋棄，如此整個果位佛陀才會全體湧現。

所以「以無所得故，得阿耨多羅三藐三菩提」就在這裡，所以無見、無修、無行，無有境行，無有果，這個才是果位的佛陀。

離於一切識，離於一切對立，整個現前如是。我們在整個修持的過程裡，會產生很多變化，但是我們對這些變化都不能有絲毫的執著；這些變化就全體整個法界而言，即所謂的「**法界宮中次第鬆**」。

什麼是「法界宮」？法界宮是密教稱呼佛陀所安住的地方為法界宮，譬如說我們修證成就，五智成佛的時候，我們在金剛峰頂，金剛法界宮，自住安住而顯現整個法界的毘盧遮那如來，而由毘盧遮那如來化現四方佛，其實五方佛都是五智的顯現。所以不會說真的有五方佛，或是沒有五方佛，這都是錯誤；你以為這是虛幻的五方佛，也不是，它是如是的五方佛，是五智所迸現的。

在不可思議的自受用大樂身裡，五方佛是從毘盧遮那如來顯現出四方佛，四方佛再顯現四個菩薩來供養，這毘盧遮那佛再化現十六個菩薩供養這四方佛，所以這裡面整個自受用大樂報身就這樣現起。

在此，我們如是觀察、描述的時候，它落在時間、空間的系統裡面；但是就一個圓滿的華嚴世界，海印三昧的境界裡，或是整個金剛法界宮裡面，它是離於時間、空間的，所以會十方廣大無邊，三世互通不盡，它一時滙歸三世，芥子納於須彌，大小互攝，相互相融，所以在這境界中，十方三世會同時湧現，因此時間、空間在此會變成無限時間、無限空間，它變成無窮盡的世界，無限次元的世界。

金剛法界宮又稱為越量宮，是超越一切限量的宮殿，越量宮其實也就是法界宮，就是金剛峰頂，就是金剛宮。

「法界宮中次第鬆」，是彰顯著在金剛三昧裡身土不二的境界，也就是常寂光佛土跟法身，常寂光佛土與法身是相對應於眾生。

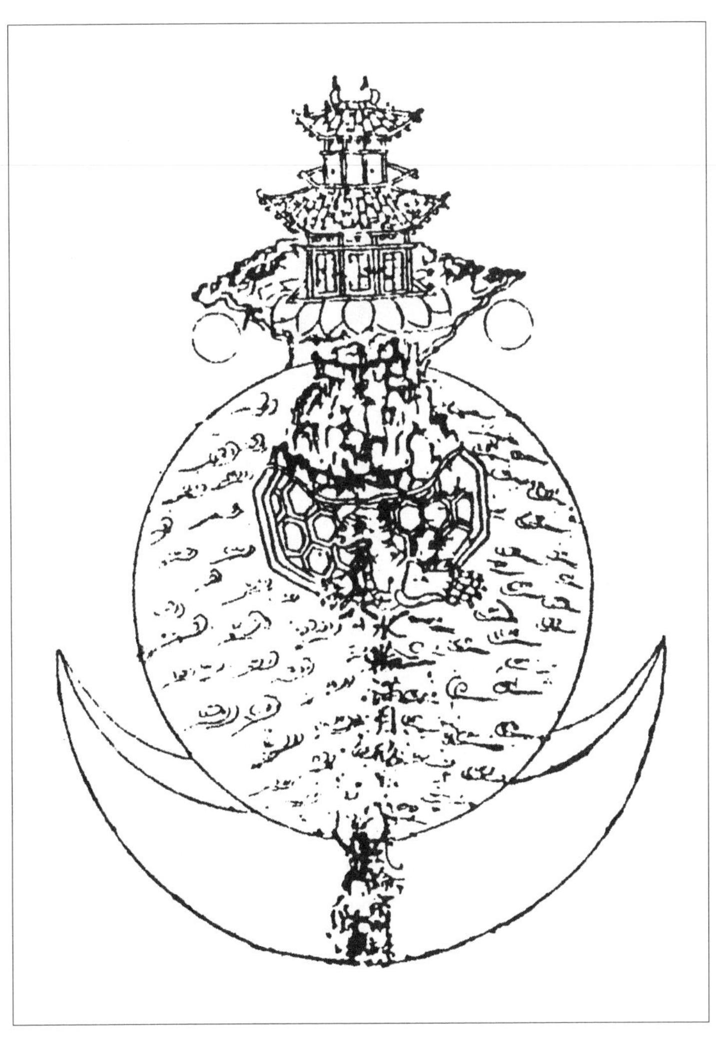

我們修證成佛時，
安住在金剛法界宮。

正報與依報在整個法界裡面是一體的，正報是我們自身，依報是外界、外在的世間。然而在修證過程裡，我們會發現到它們是相對立，所以我們正報的這個身，後來會顯現成佛身，而八識中的整個經驗，會變成淨土。

所以身土在七識、八識中間還有，但是到第九意識、法界意識中，它轉成集體的智慧，這一轉的時候，這些東西都沒有了。這種境界在禪宗名為大光明藏，一般來講是常寂光土跟法身。

常寂光土與法身二者是一如，所以身土一如。所以「法界宮中次第鬆」是整個全體法界，也就是整個常寂光境界，是普賢王如來不可思議境界，也就是所謂的本初境界，普賢王如來本初境界就是法界宮，普賢王如來就是法身，要加以理解整體法界的意思。

在整體法界裡的稠密度與粗糙度就有所差異，雖然我們現正進入大圓滿的境界，但是在修證的過程裡，會一層一層的鬆開，所以說「法界宮中次第鬆」。然而，我們也由心、氣、脈、身、境來理解，整個心智解脫、氣解

正報與依報在法界裡是一體的

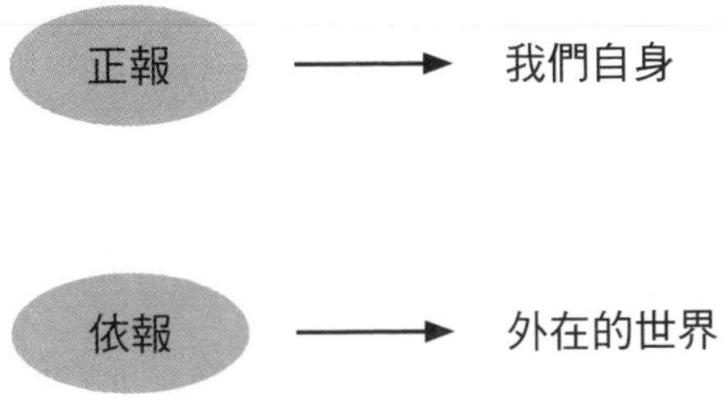

正報 → 我們自身

依報 → 外在的世界

脫、脈解脫、身解脫而得到境解脫，也就是法報化三身在此都同時得到解脫。

我們修證過程是從外境的統一、達到身統一、達到脈、氣、到心的統一，而解脫的過程是從心、氣、脈、身、境次第解脫，所以「法界宮中次第鬆」也可以如此理解。

但是在智慧的理路上，我們並沒有次第鬆的概念，而別人客觀地看你的時候，你是變成有次第鬆，但是在整體裡面是大圓滿智慧、見地。

安住無事的大圓滿境界

「法界宮中次第鬆，無事各住于自然」，這個「自然」不是自然見，也不是就說道家所談的自然，這個自然是緣起之自然。

當我們現證大圓滿境界時，在法界宮中次第鬆，請問這樣的大圓滿境界是不是已經無事了，所以安住無事是各住於自然。

一般的自然是受制於一種什麼東西，譬如說像道家的自然是：「人法地，地法天，天法道，道法自然。」它的自然是受制約於這種法則的，而且它隨順於這種法則。但是在此所說的自然是離於心，離於識的自然，也就是說如是如是的自然，也就說緣起的自然，所以說這裡的自然也就是所謂的次第鬆。

所以當我們現證大圓滿的境界的時候，我們安住無事，安住於大圓滿的見地，離於一切見、修、行、果，這時候無事各住於自然，就如同在《大智度論》裡面講：「我行無師保，志一無等侶，積一行得佛，自然通聖道。」大圓滿法就是：我行無師保，志一無等侶。如果用禪宗勉強來解，就是「有佛處住不得呀！但是無佛處趕快走過呀！」積一行得佛，自然通聖道，就是這樣子！

「**離于生滅與中邊，惟是成就獨一密**」，離於生滅與中間的這些對待，這樣就成就獨一密。

「一密」是：法界祕密之祕密，明顯之祕密，空之祕密，現前之祕密，完全開解之祕密，但是無人能了知之祕密，不可了知之祕密。為什麼這麼說呢？當我們一了知就不對了，是全體湧現之祕密呀！所以是以密解密唯一祕密。

「惟是成就獨一密」，這個祕密就在汝邊，就像當初惠明禪師去追六祖大師的情境一般，惠明禪師本來不是要搶那衣缽嗎？後來，他搶不到趕快轉說自己是為法來，不是為衣來。就像飛劍斬黃龍的呂洞賓打不過，就趕快懺悔請黃龍指示心要，這一招要懂的，該輪就輪。

結果，六祖大師叫惠明把心放下，安住良久，然後跟他說：「不思善，不思惡，這與麼時，那箇是明上座本來面目！」此時惠明豁然了悟。這相應於大圓滿的境界，可說是「且卻」。

但是惠明還是安不下心，他又請問六祖惠能大師說：從上以來的諸佛除了這個祕意之外還有沒有其他的祕意嗎？

這可說是禪宗要印可，印可的重要性在此。這就像我們吃飯的時候，主人在每一個人面前盛一碗飯，還沒喊開動，一說：「開動！可以吃啦！」就可以開動了。結果六祖的回答是：就是這樣子呀！那麼以前不懂的時候，祕密就不在你那裡，現在懂了祕意是在那裡，就在你家，密在汝邊！所以惟是成就獨一密，密在汝邊！

「廣大普遍之作者，大圓離事得果位，不去而能到佛位，得大圓滿果心要，無作之作大智慧，自心從本任運具，任運佛位甚稀奇，法身移喜磋嘉者」，這「不去而能到佛位」實在是太幸福了，感謝蓮花生大士。

這作者是所造作者與造作都是一個對象，所以廣大普遍之作者也就是廣大普遍之造者，也就是廣大普遍之受者，所以這是大幻化網、大幻化的大遊戲，這是普遍、廣大、悲大、智大，悲智的圓滿才會謂之廣大。

「大圓離事得果位」，大圓滿離於一切事，得到究竟圓滿的果位，這廣大普遍之作者是誰？就是你，是我們每個人。我們安住在廣大普遍之作者的時候，我們就是整個的法界的全體，一切佛都是跟我們一如的，一切佛都是我們的化身。

但是這裡面沒有衝突性，沒有「只有你有，別人沒有」的問題，也不是都是你的，而是全體大幻化、大圓滿的大境界！

在這種境界裡面，這句「不去而能到佛位」確實是大圓滿法的精要，精要之精要，密意之密意，大密意之大密意，它顯現整個本然如是，安住本位的一種全體現象，所以說這裡面的是顯現無來無去，沒有見、修、行、果，而是現前圓滿佛的境界。所以我們不必來去，不要造作，不必修持。

不必修持，不只是無修，而是現前是佛；若有修持即非佛也，但是連修持也不可得，是「不去而能到佛位」，是顯現無修無證本來佛的境界，不去而到、刹那圓滿、同體圓滿，才真是得到大圓滿果的心要呀！

「無作之作大智慧」，無作之作，任運之作，自然之作，廣大之作，所以無作之作，無修之修，無見之見，無行之行，無果之果都是一樣的，所以說如是之作，無作之作，無所住而生心，無所住而行，無所住而圓滿，無所住而得佛果，所以無作之作大家要「任運佛位甚稀奇」，以本來清淨之見如是如是，自心從一個本來清淨任運智慧的見解，而佛位是任運而得，任運佛位，不可思議的佛位，所以「自心從本任運見，任運佛位甚稀奇」。

「法身移喜磋嘉者」，就是已經證得法身的移喜磋嘉呀！移喜磋嘉就是智海王佛母，是蓮花生大士的佛母，蓮花生大士將這大圓滿法傳給移喜磋嘉，移喜磋嘉是藏文的名字，傳說她是金剛亥母的化身。

蓮花生大士將
大圓滿法傳給
移喜磋嘉。

法界自身即大圓滿見

接下來的偈頌越來越精彩，越來越有力。

「**此見自生亦自顯，此中密義已如上，離中邊智而出生，汝等無餘空行眾**」，這個見地是自生也是自顯的，所以無修而能到，無去而能到，此見自生亦自顯，就除去我們一切的障礙。

「汝等無餘空行眾」，你們這些已經證入圓滿的空行大眾，西藏的「空行」代表兩種意義，一是從空而行，代表智慧，一是代表女性之名。男眾稱為空行勇父，女眾稱為空行母，移喜磋嘉則是空行母之王。這些空行大眾，其實是指修學的我們。

「**此見即是明空體，無垢自性本清淨，明中若離於認識，自入離心大樂中**」，這個大圓滿見，就是明空之體，就是明體，這個見不是我有這個見地，而是這個見本身是就法界體，就是法界自身，所以見、修、行、果是一個的，即見即行，即圓即果，這個是即。所以這是很殊勝，要直截去了解，而不是解析的，是親見、親證，這親見親證不是見明空體，而是這個見本身就是明空之體，以全體來會全體，所以見跟體是一如的，全體即相對，所以此見即是明空體。

無垢自性本然就是清淨，如果能夠完全進入這個明空體，完全具足大圓滿見的時候，這個明就是大覺，明中如果能夠離於認識，就是離於一切對待，所謂認識即非認識是名認識。要離於認識，離於對待之全體，是了知的認識而不是無知，不是無知也不是去認識，是離於雙邊對待，在全體大覺大明當中，就自然入於離心大樂中。

所以大樂是離於一切心意識對待，而是全體法界大樂赤裸湧現的大樂。

「從本來空心無執，離心而住大智慧，能執所執之心識，世出世間一切法，于境無實不了知，是為二取錯亂心，無錯之大本淨中，離執相之離垢

心，無分別垢赤裸現，安住無事自顯現」，就整個法界而言，它從本來空、現前是空、過去是空、未來是空，離於三世亦是空，在三世當中亦是空，在十方中亦空，離於十方是空，所以現前是空，是法界性、是法界體，而是心無執，心不可執亦是無執。

那麼，無執之心離於心，離於心意識的對待，而安住在整個大圓滿的智慧中，對於能執、所執的這個心識，執著能、所對待的這種心識，還有世出世間這一切相對立的法。如果對這些境界都沒有任何的識別，沒有任何的了知，這樣是二取錯亂心，就是取執於對立雙邊的錯亂之心，那麼這句與前面的：「明中若離於認識，自入離心大樂中」，這樣一直相應過來的，在這裡要雙破，要破空也要破有。

前面要講「明中若離於認識」但是後面「于境無實不了知，是為二取錯亂心」，這是反破回來，我們不能夠去認識它，也不能夠不認識它。

如果「明中若離於認識」與「于境無實不了知」合在一起會變成什麼狀

況，是為二取錯亂心，所以不能夠不認識，但是確實也要離於認識。

因為「明中若離於認識，自入離心大樂中」，要圓滿大樂的話，要離於認識，但是你若完全不了知的話，也是錯謬，所以前面破有，後面破空，空是頑空的空，所以要雙破才能夠進入大圓滿。

從無錯謬的本來清淨當中，離開一切執著之相的離垢心，沒有任何分別的污垢，赤裸湧現大圓滿本淨，安住在無事當中自然而顯現。所以「無錯之大本淨中，離執相之離垢心」。

「安住無事自顯現」，這一句是最有力的一句，希望大家不要用天台宗「理即佛」的觀點來看這事情，這裡是修證的法句，是圓滿的指示，是現證的指示，所以不要用推理去看它，而是「**從本已來是佛陀**」，這從本已來是佛陀到底是講誰，即是法界一切眾。

「從本已來是佛陀」，這句話不要錯看，這是心要所在。

「**若離於心而解脫，解脫之法無對待，無有解脫離疑求**」，這一句一句，後面一句破前面一句，後面一句再破前面一句，所以不要被騙呀！

「若離於心而解脫」，如果離開心而解脫，如果認為這樣就是了，那就被騙了。

「解脫之法無對待」，但是解脫之法是沒有對待的，把解脫又打掉了。是「無有解脫離疑求」，那有什麼解脫呢！離開你的疑惑、與求取之心，離開眾生有佛可成，很想趕快成佛的希求心、疑惑心，但是大圓滿法應是無願、無相、無作、是現空啊！

大圓滿是無修之修

「安住無事自顯現，以作為心損無修，心執著邊而自縛，由著貪瞋有生死，執持生死之自性，無作自解能了知」，安住在無事當中，自然一切現前、自然湧現，如果我們是以造作有為之心來行法，這是損害修證，損害這個無修之修，體性之無修自然任運叫做無修之修，在體性上根本沒有這些錯謬的誤見，而安住在無錯謬中就是修證，所以叫無修之修。

如果有作意去修反而障礙這無修之修，離開法性本體，雖然作意地修持也是好事，但不是大圓滿事。如果心執著在雙邊，這是自己綁縛自己，由於執著貪瞋痴的境界而有了生死流轉，執著這個生死的自性，但是無論你再怎麼執著，在沒有造作的心境之下，一切自然開解，這種狀況我們應該清楚明白的，所以「執持生死之自性，無作自解能了知」。從根、從整個重心點，整個向外一剎那之間全體開展，提綱挈領，一次全滿，這才是大圓滿法，它不是從一個邊際，從一個小小的地方趨入，它是現證、圓滿的顯現。

「**世出世妄皆無有，賢善本尊惡鬼魅，本淨體中無分別，本來清淨大智中**」，所有的世間，出世間的妄見、妄想，都是沒有實有的，而賢善的本尊諸佛菩薩、金剛持等等，與一切的惡鬼、一切的魔，都在法界本淨的本然清淨的體上，在此佛與魔是無分別是一如的。

在大圓滿境界裡，如果還有佛與佛可分，有佛可得、有魔可去，那就不是大圓滿了，所以本來清淨的法界體性當中，無有賢善本尊與惡鬼魅的分別。

「本來清淨大智中，無垢普顯赤裸現，即佛佛子之本體」，在本來清淨的大智慧當中，沒有任何的染垢，普遍開顯而赤裸的顯現。

文中常用「赤裸」來表達，赤裸在此的意思是沒有任何的遮蓋，是完全的體性顯現，就像無雲晴空，一個日輪或一個月輪，朗朗現空，完全赤裸、無染、無垢、無執，普遍湧現的法性，稱為赤裸現，這個就是諸佛還有佛子的本體。

「世出世二法所顯，所謂現與空等二，有事以及無事等，顯現二現之諸法，從初習氣堅固者，于境無實以心取，能取所取世出世，取捨之因亦無有」，不管這一切世法與出世法二法所顯現的，所謂的現前顯現有與空等等的分別為二，真與妄、有事與無事的相對待。

前面我們一直希望安住於無事，但是有事與無事兩種，這兩種對待顯現的這些諸法，都是為了告訴從開始以來習性十分堅固的眾生，以心來執著無實的境界，為此叫他們安住無事。

接著還要破無事，破前面所講的一切境。

所以一位大智慧、大現證、大修行人，他的一切說法，都是不斷地在破自身，一切所立現前皆破，同時一句就是破自身，也可以破到無可破之處，破到所有的錯謬、所有的煩惱、所有的執著都沒有了，都粉碎為虛空的時候，法界體性就赤裸顯現了。

所以一切法的建立，是為了超越一切執著，沒有一切執著即無法可立。「佛說一切法，為度一切心，我無一切心，何用一切法。」所以文殊講「藥病相醫」，藥是來治病的，但是沒有病的話，盡大地之藥，這藥是什麼？這藥可能變成魔。

接下來這一句，更是清晰地指示：「取捨之因亦無有」，眾生是有取有捨，眾生從初習氣堅固者，於境無實以心取，能取所取世出世，但是問題的關鍵就在這邊，能夠取捨的因都沒有，怎麼會有取捨的果呢？所以這同時又斬斷前面的取捨之因，現前就斬斷。一刀一刀利劍，讓我們隨起一個心境、一個境界，即破除到無境界可立，所以「無消息時如何？」謝謝你的消息呀！

安住於自然顯現的智慧中

「**無事智慧之法王，無思無修無所緣，無言無說無造作，安住智慧自顯中**」，具足無事大智慧的法王佛陀他是不去思維、沒有修、沒有所緣的對待，沒有一切的雙對立，他是無言無說無造作。在究竟意義來講，他是無思無修無所緣，無言無說無造作，所有言說都是虛妄，所有的造作也是虛妄，所有的思維修行亦是虛妄，所有所緣亦是虛妄；但是他有思、有修、有緣、有言語、有說、有造作，而現前皆空，他安住在智慧赤裸圓滿的顯現。

「普遍廣大智慧中，此中無有能言詮，超越言詮與思議，當住無說無詮中，能了別之大樂王，凡有所作皆不得，安住無事自顯中，無事離心本體現，自生自顯是正見，修此自生與自顯，說為自生自顯現，異生法中無真實」，破到一定程度之後，他又反過來安立了。

「普遍廣大智慧中，此中無有能言詮，超越言詮與思議，當住無說無詮中」，普遍廣大的智慧當中，此中間沒有能夠言說詮釋者，他是超越任何的言說與沒有詮釋當中。

整個從大圓滿裡所顯現的普遍廣大智慧，它無思無修、無言、無說、無作，在這種智慧自顯當中，它是普遍廣大的，「普遍廣大」其實是相對於我們眾生的觀念而言，「普遍」代表是遍及一切，「廣大」是沒有任何的障礙，代表著智慧是遍一切處，是不受一切時空限制，在此絕對沒有任何相對待的一個境界。

所以「此中無有能言詮」，不會落入任何言說、任何符號系統的限制、制約，而是普遍自生自顯的境界。超越一切的語言的對待，也超越一切思議的過程，這普遍廣大智慧，事實上同時也從這邊再翻落一層來看，任何的言詮與任何的思議，在大圓滿法當中，此思議即非思議，此言詮即是非言詮，而是普遍圓滿的大圓滿境界。所以這四句是一對的「普遍廣大智慧中，此中無有能言詮，超越言詮與思議，當住無說無詮中」。

我們常常習慣從斷邊來看事情，怎麼說呢？我們看「超越言詮與思議」就會變成「不能言詮與不能思議」，應當了知這是不盡然的，超越言詮與思議是不被言詮跟思議所障礙、所限制，不是說它不言說，而是言說非言說義，它不被言說的邏輯符號過程所控制，是不被思議所控制。

所以「當住無說無詮中」是：不是不能言詮，也不是不能思議，而不可思議本身是：思議與超越思議這兩者在中間得到一體的圓滿。

但是下面一句，「能了別之大樂王」，能夠了別一切的大樂法王，前面說超越了別，現在怎麼出現「了別」了呢？所以他是能夠了別、能夠清晰、能夠明瞭。

「凡有所作皆不得」，但是凡有所作皆不得；你要有所造作，甚至一般所謂的所作，都是不可得的呀！連不可得也不可得。這才是無思無修無所緣，無言無說無造作，造作亦不可得。

所以安住在無事自生自顯的法界體性當中，無事離心本體赤裸湧現，這自生自顯才是正確的見地，才是真實的正見。

所以我們要修持這個自生自顯，現在是反過來叫我們修之無修，前面是無修之修，那麼現在是修之無修，就如同默照禪中的「默而照，照而默」，默照在這裡它不斷地把默照、照默、修與無修，不斷地混為一體，現前之修不可得，所以修之無修，我亦不可得安住而顯現，所以無修之修啊！

無修自顯是無修之修，自顯自安住是無修之修。

所以「能了別之大樂王」，這大圓滿的境界是大安樂之王。超越言詮與思議，其實言詮跟思議是一個分析了別的過程，然而在此是能了別之大樂王，所以又翻破回去，它翻破了「當住無說無詮中」它遮有入斷，「入」是能夠破除一切有，所以是「當住無說無詮中」，但是能了別之大樂王它又顯現，它又遮破其斷邊而回到「有」。

所以這同時顯現真空與妙有，而真空不離妙有，妙有不離真空，真空即是妙有，妙有即是真空。所以這兩者必須仔仔細細的安住、超越，因為我們落在任何一邊的話，都是落在雙邊，而不是一個全體湧現的圓滿境界。

所以「能了別之大樂王，凡有所作皆不得」，任何的造作其實是不可得的，不是不造作不可得，就是任何的造作也是不可得，只有如此才是安住在無事的自顯當中。

無事離開一切心意識的造作，這時候整個法界本體，整個清淨本然之體，赤裸湧現，這個清淨之體非故有、非現有、非未來有、也非因緣所有，而是離一切事有，離一切相對的障礙執著之後赤裸顯現。

雖然是離於一切見，在此所顯現的正見是「自生自顯是正見」，但是自生自顯是沒有任何造作、沒有任何見地，無見當中才是正見。

在無見當中，一切自生自顯，這是正見，而自生自顯是不可修，不可得，但是修此自生與自顯，也就是說生起這正見而不即不離，沒有任何的造作，這時候才是在無修中修。所以見、修、行、果同時都是在自生自顯當中，而自生自顯是不造作、非緣起性、非自然性，而是全體赤裸湧現，是自生自顯所顯現的。

然而在異生法當中，沒有任何的真實，「異生」是指凡夫，就是凡夫所見的一切法都是無有真實的。

要了知進入聖諦時，所現所顯的全部是真實境，而在異生凡夫當中，造善可以昇天，作惡要下地獄，這一切有為之法。

所以一切雖然在言語、在思議的過程中，雖然是趨近於佛法，但是在這中間如果不能真正進入整個法的真要，其實都是凡夫。

安住在無分別中

「**無事體中自安住，法亦從本淨中生，住亦從本淨中住，解亦從本淨中解，本淨廣大任運中，說為自生與自顯**」，這幾句偈頌更能突顯、更能圓滿前面所說的境界。

在無事體中，第一個是安住，我們在無事體中自在、自安住，是無事體住於無事體，是無事體全體住於無事之體，所以是一合相、是沒有分別、是全然如是、如是如是的安住，是不可分別中的安住，是無離中的安住。

這無事之體中自安住，這個「自」，如是再加上任何的一個境界，而是如是之意，如是之體，如是自安住也。一切法從本來清淨中出生。

接下來的偈頌更可以顯現出一個大圓滿境界從心中湧現，從口中直說心中本然的面貌。

「法亦從本淨中生，住亦從本淨中生，解亦從本淨中解」，法的生、住、解都是在本然清淨中，也就是說生、住、解不過是種分別，其實都是本然清淨。

在本來大圓滿清淨之中，如是生、如是住、如是解，這樣的境界，它會翻落到如同陳健民上師所說的：「十方廣大無邊，三世流通無盡。」雖然它是一個全然的法界，但是法界中自生、自住、自顯、自解，而偈頌中的生、住、解，雖然是在本淨當中，在全體中能夠如是動，但也能夠如是不動，所以在此，千萬不要再落下去了，再落下去就會變成「如是心休，內外凝成一球」，然後就一念萬年去了。如此可能就又從一個超越中翻落下來，所以在此要很小心。

「法亦從本淨中生，住亦從本淨中住，解亦從本淨中解，本淨廣大任運中」，就是本淨廣大任運中，十方廣大無邊，三世流通不盡，這本淨廣大任運中，在時間上面，在空間上面，十方三世同時炳現，重重映攝，無量廣大，三世攝於一念，一念放大為三世；十方納於須彌，須彌遍滿十方；十方納於芥子，芥子遍滿十方的境界。「本淨廣大任運中」就是這個樣子。

「說為自生與自顯」，所以不要落入內外凝成一球，而是自生與自顯。否則在本淨廣大任運中，或是在法亦從本淨中生，住亦從本淨中生，解亦從本淨中解，本淨廣大任運中，這個就是自生與自顯，就是這回事，沒有再其它了。這個太重要了，否則又落於執著。

所以自生與自顯離於時空，不是無生也不是無始。

「**超越明空離心邊，離邊大樂智慧中，所謂能所取與捨，過失功德皆不染**」，它超越明空離一切心的邊際，也是安住在離開一切雙邊的大樂智慧當中，所謂能與能所、主體與客體，能取者與能捨者，一切相對待的觀念，一切過失功德，都不染著。

最勤勇者是最鬆緩者

「大樂無執本性中，無動亦復無有變，無變動之大智中，說為正見自生顯，無執無著無無為，若無所作諸法因，說為離事之正修，自生自顯殊勝修，離事勤勇住本體，無事唯是安住此，此修是修自生顯，或樂或明或無念，盡其所有覺受顯，所取所捨法無有，無執自解上修持」，這個大樂無執的赤裸本性，也就說本然清淨之心之體性當中，它本來是大樂，無有任何的執著，無有任何的障礙，沒有任何的變，沒有任何的動，也就是說它不是落在一種相對性的一種變動當中。

這無變動中的大智慧，說為正見自生自顯，那麼正見自生自顯到底是不是變動呢？那麼大智慧是能照的，是否有一個東西叫大智慧不變動放在那邊？

所以講說大圓鏡智的體性義時要注意，大圓鏡智是赤裸顯現法界一切的相對待，一切的相對待在赤裸的大圓鏡智當中，得到徹底的圓滿，所以無變動之大智能否顯現一切變動？能否含攝一切變動？

當然，在此所講的無變動之大智是破除有邊，而下一句「說為正見自生顯」，是說明這無變動的大智同時也是正見自生自顯，我們回過頭來看自生自顯可以說是變動嗎？

所以這偈頌本身必然的不斷的破除自身，破除到沒有纖毫立足之地，如泥牛入於大海，不留纖細之毫末，這才是法界的體性。

心中假若有任何的塵沙之惑、任何微細的執著，當然必須在這些赤裸顯現的體性句當中得到圓滿，這些赤裸體性句就是進入我們的心的最深層，破除我們的一切障礙。

赤裸的無變動的大智，也就是在大圓滿的見地當中，沒有任何的執著，也沒有任何的無為，這是「無執無著無無為」。

在一般的修證上來講，有真俗二諦的對待，我們修持是離於俗諦而入於真諦，但是修到最後要「真俗不二」，而且真俗不二是連真俗不二都要忘卻。

講「真」來破「俗」，講「真俗不二」來破於真俗的對立，同時也破真俗不二。

為什麼是如此呢？因為當我們拿任何的念來破所破的時，我們心中就留著這「念」，對方一個大成就者而言，他在破的時候，同時他原有的能破的念也是要破的，所以能破者即為所破者，能所同時相互的破除，藥病相醫這時候纖毫不立，這時候才赤裸湧現全體炳現。

但是一般人，以藥醫病的時候，藥通常變為毒了，那這毒的話又要下面一個東西來對治，所以我們必須不斷地依據這種體性句，不斷進入我們內心幫助我們不斷的突破；突破到無可破處，也就還落到原然的本相。

所以「無執無著無無為」，一般無為是我們所要修證的，連這無為亦是要破，這是破除我們對法的執著。

「若無所作諸法因，說為離事之正修」，如果沒有所作諸法之因，因與果、法與滅，有因才有果，有生方有滅，但是所作諸法之因都無有的話，那麼這就是離事的正修。

「離事之正修」是否有一點「體真止」的味道呢？當然我們說有一點體真止的味道，但是體真止的境界還沒有到達這種境界。體真而止，其實也是體會到諸法所作之因無有而自然安住於真諦，心的造作無因，以心的念頭就無有，那麼這是「體真止」。

從這裡我們可以體會一下，如果沒有所造諸法因的話，就叫做離事的正修啊！那麼，沒有所作諸法之因的話，無所住當中而自生其心。

「自生自顯殊勝修，離事勤勇住本體」，對一個修證者而言，他的體性是無所住，他的在世間的運作是生其心，而無所住與生其心是一相，不要將二者分離了，應無所住而生其心，是生其心時全體在心，無所住時全體寂滅，這兩個都是一個。

「應無所住而生其心」還不是圓滿境界，應無所住是告訴我們應該無所住而自生心；而「心生時無所住」，就是自生自顯殊勝修。

「自生自顯殊勝修」是心生時無所住之相、之體、之用，在這裡有它的相，這個相可以破除我們在此境界的無力現象，在此八地菩薩會產生無力的現象，希望大家在未進入八地之前要先注意。「不勤勇」不是說他不願意勤勇，而是無功用行所造成的，這是一個法界祕密。

但是在大圓滿的境界裡，大圓滿是從一個凡夫地直接超入佛地的，所以當他進入自生自顯殊勝修，在大圓滿見地裡面圓滿赤裸顯現之後，這裡的話，他在因地上也是如是，它賦予了他一個勤勇的境界，一切事而勤勇住本體，所以在此赤裸湧現之力不可思議。

什麼樣的力量才是最勤勇的力量，最勤勇修持最不可思議，最勤勇、最沒有障礙的力量是什麼？無事！赤裸！廣大！任運！獨一！

勤勇者為勤勇者，方名勤勇者，因為無障礙的緣故！只有沒有任何相對的障礙，才是全然的勤勇，所以必須在無所住當中赤裸湧現如大日烈空，金光萬道，剎那之間，遍滿全界，不可思議，不可思議。所以離事勤勇住本體是如是如是，沒有任何相對境才是勤勇。

脫口而出，純任自然，不假循誘，直探本體，直顯本源，現前成就，本初普賢王如來境界，所以能夠「無事唯是安住此」，所以最勤勇者是最殊勝者，是最鬆緩者；最勤勇者是法界中最緊者，同時是最鬆者。

鬆緊關係在修行人當中極為緊要，前面的偈頌說「法界宮中次第鬆」，在不能夠鬆的境界裡，過鬆的話謂之緊；而在能鬆的境界裡，不能鬆謂之緊。所以，如是如是，本然本然，赤裸湧現，這是無所畏懼，無有對待。

「此修是修自生顯」，也就是我們在無修之勤勇大修行，所以此修是修自生願，此修是修，此無修之修如何？是自生自顯。

自生自顯是脫離一切相對待，一切相對立的牽引，而如空湧現，如鯉躍龍門一樣，赤裸啪哧一聲跳空而出。「或樂或明或無念」，就是那時候的狀況。

或樂或明或無念，總稱為樂明無念，這是在大圓滿的修證體系裡面必然會產生的境界。

大樂、光明、無念，大樂顯現出它報身體性的圓滿，光明顯現出它在法身赤裸無雲的晴空，無念代表是空性、體性、法界體性當中的沒有任何染著。

或樂或明或無念，同時還有相伴於樂明無念的種種差別境界顯現，這些差別境界顯現，是相應於在緣起上面。

我們整個身心從無始劫來一切所受的障礙，如果說力量夠大的話，在剎那之間已經全體圓滿，所以說這些覺受不必顯，不必顯意思是全體已經顯現了。

但是，我們有差別境，必然會有這些境界，豁然而現，所以「盡其所有覺受顯」，盡其所有的覺受會次第顯現，這代表我們的境界的不圓滿啦！同時也是代表我們境界在修正當中，所以還是那句話，無消息時如何，謝謝你的消息！

所以要了解，盡其所有覺受顯的時候，自生自顯沒有任何障礙，沒有任何歡欣、厭除，欣厭的覺受都遠離了，而讓這自生所有覺受自生自顯，這個是在法性與緣起上的雙重意義的交互現證。

「所取所捨法無有」，所取所捨的法都是無有，所以任何的覺受它自生自顯但是我們不能夠的有一絲一毫的取捨，甚至我們取捨之法，我們任何的取、任何的捨，也是沒有辦法得到的。

如果大家的境界不圓滿的時候，還是有一個方法是幫助大家次第現前的，但是這已經是落入比較差的境界了，就是一味取、一味捨，你還是取、還是捨，但是了知一切取、一切捨都是無有，但是如此又落到下一層。這只是到一味的境界而已，而不能夠真正進入大圓滿的境界，但是見地上有初具大圓滿的功夫啦！

能取能捨而了知能取能捨法亦無，如果能夠的話，不必要如是，而是能夠從無執自解上修持，也就從無執自解是自生自顯之自解，所以是無修持中之修持。

什麼是自生自顯之修持？就是不離於自生自顯，不離於無執，這個叫做大修持，若離於「無執自解上修持」，是小修持，有人說我要修持而離於無執跟自解，我離於自生自顯，離於無執自解，那麼謂之小修持，不是大圓滿的修持。

就如同在禪戒所談：什麼是殺生？殺生是在十方三世圓滿清淨無有生滅法當中，起一念生滅之見，謂之殺生。

這完全是體性之戒，它已經從凡夫中，生滅的現象踏入一個無有生滅；凡夫的生滅現象裡，我對已生的我不滅，謂之不殺生，對已生的我滅謂之殺生。

而在體性裡面，本來無生無滅當中，我若起一念生的話，或起一念滅的話，有生必有滅，有滅必有生，我在體性上面無生滅當中起一念生滅的話，我是必然是殺生。

所以本來平等法，無可偷盜的緣故，現前一切是平等，無可偷盜，這個法性裡面我起一念可得之念，我是盜法界，我是盜法界。

而在凡夫法當中，這是我之物，我不去取別人之物，謂之我不偷盜；但是在法界法當中，沒有我、沒有你，在沒有你我的對待中，而生起一念對待觀念，這相對性就落於凡夫，這個就是偷盜。

同樣的，在修持上，我們於凡夫當中，有眾生與佛的相對待，所以眾生修證成佛依其次第，依其精要，由戒定慧薰修，由這樣種種修持，謂之修持，謂之修行，謂之見修行果。

對於一個在大圓滿的體性當中，已經圓滿佛見地當中，本然體性，無有修證，無有生佛對待，但是我離開此，而去修證、生起一念可悟、可瞭、可解的念頭，那麼我是離於修持，所以要從體性上了解，「無執自解上修持」。

「**自住離事大圓滿，于彼安住士夫者，大圓果位自顯現**」，能夠在這種見地上安住的修行人，大圓滿果位自然顯現，所以見、修、行、果在大圓滿體現裡面，是全體湧現、全體成就。

離於一切對待是自顯法王的佛陀

「**自顯法王之佛陀，無事亦復無有作，離世出世能所體，離本體修真實上，是即離事大圓滿，自生自顯行勝法，此即無取亦無捨，離取捨住本性修，所謂自生自顯者，凡所顯現法爾王，自顯亦從法爾顯，法爾廣大解脫中**」，能夠成就自顯法王的佛陀，佛陀是自生自顯之法王，所以在這裡我們不斷的從一個聞思修上面去了解，我們在偈頌上不斷去了解，但這些了解本身，我們常常忽略了沒有讓它進入我們的體性裡面。

「無有少法可得，名得阿耨多羅三藐三菩提」沒有任何一法可得，這時候自得阿耨多羅三藐三菩提。也就是說，我們一切的可得之心，全部消滅之後得阿耨多羅三藐三菩提。這「得」是自生自顯之義，而任何纖毫的雙邊相對待都沒有的話，全體體性統一赤裸顯現，任何的框框都打破了、都滅了，這全體法界都是一體，一體的話就無分你我，這時候是自顯法王之佛陀。

既然是體性是如是，所以無事亦無有所作，那麼離開世間、出世間，一切能所相對待的體，這是離於本體修持，真實體性之上。所以在這裡，任何我們所標立的境界、言辭到最後必然的必須由內去破，任何的心念稍微黏滯，就說有一少法，一絲一毫的法、塵沙之法、塵沙之惑埋藏於我們念頭之中，那麼我們就不是大圓滿。

所以在此，十地菩薩他有所執、有所著的話，還是會被維摩詰所喝的。何時授記？何時成就？何時有眾生與佛的對待？

所以如是了知才是離事之大圓滿，而且是自生自顯的行持，殊勝之法也，那麼這個是無取亦無捨的對待，離開一切取捨而住在體性，法界本然清淨之中之修持。

接下來幾句就是講說整個大圓滿體性裡面，他顯現在於外境上一切的圓滿現象。

「所謂自生自顯者」，你若離開一切相對待的境界，那麼，一切自生自顯都在這境界裡面。「凡所顯現法爾王」，在這種境界裡面，一切顯現就是法爾，本然如是之法爾如是之般若體性，所以法爾王是本然法爾如是。

在此如何解「王」字呢？其實都是一樣的，這個王不過是講它的殊勝義，它講法爾如是，凡所顯現法爾王，一切都是法爾如是之義，自顯亦從法爾顯，所以這純然是講體性上之事，純然是講本然清淨法之事，純然是講本來清淨之事，那麼這一切所顯，凡所顯現法爾王，自顯亦從法爾顯，法爾廣大解脫中。

這一切從法爾中顯現，它遍滿一切，所以無有一事離於法爾，從自生自顯裡面所顯現的法界林林總總諸相是境上諸相。

接下來是講見、修、行、果的同體性，無見無修無行無果，亦見亦修亦行亦果，這其實是沒有兩樣的。

無見、無修、無行、無果不過是破除我們相對立的概念，無見、無修、無行、無果，是破除我們有可得之心，那亦見、亦修、亦行、亦果的話，是讓我們建立勤勇之心，這兩者其實是一體的。所以在此又重新建立。

「**見修無異無自性**」，其實這句它是因為對句上面的關係它須要用這樣子，其實見、修、行、果是無異，都是沒有自性的。

「**見在自生自顯中，修亦自生顯莊嚴，行在自生自顯中，離于斷證之果者**」，見、修、行、果都是自生自顯，所以自生自顯的見修行果，是大圓滿之見，大圓滿之修，大圓滿之行，大圓滿之果。

為何「自生自顯」，會在陳健民上師著作裡面那麼重要，重點就在這

無見 ＋ 無修 ＋ 無行 ＋ 無果

相對立的概念

亦見 ＋ 亦修 ＋ 亦行 ＋ 亦果

勤勇之心

裡，他認為說他最圓滿的法界大定裡面，一直在用自生自顯就是這個。

但是自生自顯是什麼呢？它是否有味道？

「**自生自顯自圓滿**」，見修行果自生自顯自圓滿，就是如是！

「**此即離事大圓滿，大圓離事誰通達，普賢佛位不行到，法身佛位不持持**」，我們實在是要很感謝咕嚕仁波切，在此我們禮敬蓮花生大士。

歸家不得的迷途之兒呀！本來從來沒有離開過呀！各位佛陀，你們有離開過佛位嗎？這教我如何說呢？不要擔心自己走不進去，我倒擔心你們走出來啦！你從來沒有離開呀！如何進去呢？

「自生自顯自圓滿」，這個就是離事的大圓滿，大圓滿的離開一切事，這個境界誰通達呢？

你們從來沒有通達過，那麼我怎麼問你們說你們通達與否？普賢王如來的佛位不行而到，從來沒有離開當然是不行而到。

「法身佛位不持持」，法身佛位能持嗎？能夠離開嗎？你們是遍滿之佛陀，何時離開呢？結果還是把自己交付給自己。

「通達堪能之士夫，所謂佛智即是此」，各位能夠通達如是自生自顯大圓滿之境界者，能夠堪能行持善賢佛位之大修行人呀！所謂佛陀之智慧即是如是呀！

離於一切心識，安住在法性體中

「離心住體為重要，不怕死者之心要，大圓正見最深祕，具足堪能正士夫，通達即得普賢位，彼無所行甚稀奇，甚深最極殊勝見，為自生顯之精華，離于疑慮之真諦，現在如我心中藏」，離於一切心意識，而安住在法性體當中，這是最重要的。

其實後面的偈頌，總歸一句：「普賢佛位不行到，法身佛位不持持。」但是離一切心意識安住在體性當中，這是最重要的，這是不怕死的人的心要。

大圓滿的正見是最深最祕密的，只有具足堪能的大士們才能得到，通達大圓滿的正見，大家即得普賢王佛的這個位子，而普賢王佛最深祕最不可思議是什麼呢？他是從來無所行持呀！那麼這個甚深最不可思議的殊勝見地，是一切自生自顯教化的精華，離於疑慮之真諦，離開一切懷疑思慮的真實教法。

就如同我現在心中所藏的殊勝智慧一樣，希望大家密在汝邊，已經沒有什麼祕密可說，赤裸晴空，全體湧現，普賢佛位不行而到。

「**空前無有殊妙法，今乃于汝而交付，于法界中自生顯，移喜磋嘉心祕藏，金剛亥母密義中，堪能母其善修持**」，這是蓮師的咐囑，這是一個經偈的咐囑。空前未有的殊妙勝法，現在全部交付於你們，但是這個殊勝妙法是在法界中自生自顯，各位不要喜樂，不要愁悵，它是如是如是。

移喜磋嘉智慧王佛母她心中的祕密，從蓮花生師的心中交付於移喜磋嘉，所以密藏已經在移喜磋嘉智慧王佛母的心中，她已經擁有宛如蓮花生大師一樣的祕密。

是否大家的心中有宛如智慧王佛母心中的祕藏一樣，金剛亥母的密義當中，那麼堪能為空行的佛母者，善於保任、善於修持，善於成就，如是如是，甚深於密義，大圓滿成就！

密乘寶海03

《蓮師大圓滿教授講記—藏密寧瑪派最高解脫法門》

作　者　洪啟嵩
執行編輯　吳霈媜、莊慕嫺
校　對　詹育涵
美術編輯　Mindy
插　畫　德童
封面設計　張士勇工作室
出　版　全佛文化事業有限公司
訂購專線：(02)2913-2199　傳真專線：(02)2913-3693
發行專線：(02)2219-0898
匯款帳號：3199717004240　合作金庫銀行大坪林分行
戶　名：全佛文化事業有限公司
http://www.buddhall.com
全佛門市：覺性會館・心茶堂／新北市新店區民權路88之3號8樓
門市專線：(02)2219-8189
行銷代理　紅螞蟻圖書有限公司
台北市內湖區舊宗路二段121巷19號（紅螞蟻資訊大樓）
電話：(02)2795-3656　傳真：(02)2795-4100
初　版　二〇〇七年七月
初版三刷　二〇二二年十二月
定　價　新台幣二八〇元
ISBN　978-986-6936-15-9(平裝)

國家圖書館出版品預行編目資料

蓮師大圓滿教授講記：藏密寧瑪派最高解
脫法門 / 洪啟嵩著. -- 初版. --
臺北市：全佛文化, 2007.07
面；　公分. -- (密乘寶海；3)
ISBN 978-986-6936-15-9(平裝)

1.藏傳佛教—語錄
226.965　　96012115

Buddhall

Published by BuddhAll Cultural Enterprise Co.,Ltd.

BuddhAll

BuddhAll.

All is Buddha.

BuddhAll